教育部人文社会科学研究青年基金项目资助
（项目编号：10YJC630260）

新生代农民工城市融合问题研究

——基本公共服务均等化的视角

王永乐　李梅香　著

经 济 科 学 出 版 社

图书在版编目（CIP）数据

新生代农民工城市融合问题研究：基本公共服务均等化的视角／王永乐，李梅香著 . —北京：经济科学出版社，2014.12

ISBN 978 - 7 - 5141 - 5281 - 4

Ⅰ. ①新… Ⅱ. ①王…②李… Ⅲ. ① - 城市化 - 研究 - 中国 Ⅳ. ①D422. 64

中国版本图书馆 CIP 数据核字（2014）第 287566 号

责任编辑：凌 敏 程辛宁
责任校对：郑淑艳
责任印制：李 鹏

新生代农民工城市融合问题研究
——基本公共服务均等化的视角
王永乐 李梅香 著

经济科学出版社出版、发行 新华书店经销
社址：北京市海淀区阜成路甲 28 号 邮编：100142
教材分社电话：010 - 88191343 发行部电话：010 - 88191522
网址：www. esp. com. cn
电子邮件：lingmin@ esp. com. cn
天猫网店：经济科学出版社旗舰店
网址：http://jjkxcbs. tmall. com
北京密兴印刷有限公司印装
710×1000 16 开 11 印张 200000 字
2014 年 12 月第 1 版 2014 年 12 月第 1 次印刷
ISBN 978 - 7 - 5141 - 5281 - 4 定价：28. 00 元
（图书出现印装问题，本社负责调换。电话：010 - 88191502）
（版权所有 侵权必究 举报电话：010 - 88191586
电子邮箱：dbts@ esp. com. cn）

前　言

　　农民工是我国城市化过程中产生的过渡性群体，而其中新生代农民工已经占据了主体地位。新生代农民工出生于 20 世纪 80 年代以后，他们的成长背景、务农经历、土地情结、受教育状况、生活与行为方式、对城市与乡村的认知、未来目标等方面已经与老一代农民工截然不同。新生代农民工更向往城市生活，其行为方式也更接近城市居民，他们追求的主要是发展而不是赚钱。而当前，新生代农民工正面临"两难"困境：一是"回乡难"，城市化的发展以及农村生产方式和经营方式的变革需要大规模地转移农村剩余劳动力，他们很难再回乡务农；二是在城市"扎根难"，难以取得城市户口，难以获得稳定的就业和体面的收入，无法与城市居民享有同等待遇。在这种情况下，新生代农民工的出路就成为一个难以回避的社会问题。促进新生代农民工的城市融合才是最根本的出路。以往研究多认为新生代农民工城市融合程度低的原因在于城乡分割的户籍制度，在于新生代农民工在城市工作与生活却拿不到城市户口；本书则认为他们城市融合度低的真正原因不在于那一纸户口，而在于附着在户口背后的公共服务与权利。因此，本书从基本公共服务均等化的角度，进一步深入研究新生代农民工城市融合的影响因素，发现基本公共服务均等化是关键影响因素，并提出"城市公民行为"的概念，认为新生代农民工城市融合有利于城市公民行为和全人健康，最后从基本公共服务均等化的角度提出促进新生代农民工城市融合的对策建议。

　　本书以"基本公共服务均等化—新生代农民工城市融合—城市公民行为与全人健康"为逻辑主线，紧紧围绕着新生代农民工的城市融合问题，分六个章节展开研究：第一章，导论部分。首先清晰界定了城市融合、新生代农民工、城市公民行为、全人健康等相关概念，以及基本公共服务的范围（就业、住房、义务教育、医疗卫生与社会保障），接着从国外移民社会融合、我国农民工城市融合两个方面回顾前人的研究成果，最后简要阐述了本书的主要研究方法、观点与主要创新。第二章，理论基础部分。围绕本书研究议题，分别从经济学角度介绍了人力资本迁移理论、城市化发展阶段论和二元劳动力市场理论，从社会学视角对比了社会融合的同化论、多元论与分立型融合理论，以及基于福利经济学的基本公共服务均等化理论。第三章，主要介绍瑞典、澳大利亚和印度等典型国家移民的"融合之鉴"，以及深圳、宁波和重庆等国内典型城市的农民工"融合之践"，希望从中借鉴经验、吸取教训以促进我国新生代农民工城市融合。第四章，理论上分析了新生代农民工城市融合的一般影响因素，并从中抽象出关键影响因素——基本公共服务均等化，并阐述了基本公共服务的五项范围，及其分别的影响机理；在理论分析了城市融合在微观、中观和宏观层次的社会后果。第五章，实证分析部分。首先，在前述理论分析的基础上，提出了实证检验的理论模型和假设；其次，设计了基本公共服务的均等化标准和测量量表，以及城市融合、全人健康和城市公民行为等变量的量表，其中，城市融合的概念结构被视为是由社会认同、社会关系网络转型和社会参与三个维度所构成的二阶因子结构，并得到检验；最后，分别应用多元回归方法验证了基本公共服务均等化对新生代农民工城市融合的积极影响，以结构方程分析方法验证了城市融合对四个结果变量的显著影响。第六章，结论与建议，在分析结果的基础上，从基本公共服务均等化角度，本书提出了建立促进新生代农民工城市融合的总体目标、基本原则和整体思路，以及如何从实现基本公共服务均等化的基础条件、方法与途径、配套的户籍制度改革三个方面给予制度性保障。

农民工的城市化社会融合是一个渐进而漫长的过程，本书通过科学的理论设计和调研求证，让我们认识到了基本公共服务均等化行动计划这一制度改革所体现的积极效应，说明通过政府的积极干预有助于加速城市化融合进程。然而，除了公共服务均等化之外，影响新生代农民工城市融合还有许多非制度性因素，鉴于调查难度、成本和数据可获得性等方面的限制，本书并未涉及，致使研究仍具有一定的局限性和不足，需要更多同行在今后的研究中进一步探索、求证和丰富。

　　本书参考、借鉴了国内外学界的理论和研究方法，特此致谢。教育部社会科学司和绍兴文理学院为本项研究提供了经费资助，特此致谢。经济科学出版社的领导和编辑为本书的出版付出了辛勤的劳动，特此致谢。

　　　　　　　　　　　　　　　　　　　王永乐　李梅香
　　　　　　　　　　　　　　　　　2014 年 11 月　于风则江畔

目　　录

第一章 导 论

　　农民工是我国城市化过程中产生的过渡性群体，而其中新生代农民工已经占据了主体地位。新生代农民工出生于 20 世纪 80 年代以后，他们的成长背景、务农经历、土地情结、受教育状况、生活与行为方式、对城市与乡村的认知、未来目标等方面已经与老一代农民工截然不同，新生代更向往城市生活，其行为方式也更接近城市居民，他们追求的主要是发展而不是赚钱。而当前，新生代农民工正面临"两难"困境：一是"回乡难"，城市化的发展以及农村生产方式和经营方式的变革需要大规模地转移农村剩余劳动力，他们很难再回乡务农；二是在城市"扎根难"，难以取得城市户口，难以获得稳定的就业和体面的收入，无法与城市居民享有同等待遇。在这种情况下，促进新生代农民工的城市融合才是最根本的出路。以往研究认为新生代农民工城市融合程度低的原因在于城乡分割的户籍制度，在于新生代农民工在城市工作与生活却拿不到城市户口；本书认为他们城市融合度低的真正原因不在于那一纸户口，而在于附着在户口背后的公共服务与利益。因此，本书从基本公共服务均等化的角度，进一步深入研究新生代农民工城市融合的影响因素。

　　本章主要介绍本书研究的缘起、与研究内容紧密相关的概念、国内外研究现状以及本书研究的主要内容、方法、创新与不足。

第一节　研究缘起

一、研究背景

（一）新生代农民工已明显不同于老一代

　　劳动生产率的提高及城市发展的需要，使大量的农村剩余劳动力涌入城市；特别是地区间发展的极不平衡甚至吸引着农村非剩余劳动力也加入到了"民工潮"的行列。老一代农民工在年龄的增长、知识技术的落后和乡土情怀的"唆使"下，已陆续返回农村；新生代农民工已经成为主体，他们带着更高的知识技术、更多的城市向往和更强的发展意愿来到城市，与父辈们"只求混口饭吃"的目的明显不同的是，他们挑选能够满足其生活需求且能促进其发展的工作，也即他们的偏好与效用函数更接近城市居民。由于我国渐近式改革的路径依赖，以及我国农民的职业转换与身份转换的不同步发展，使得城市化进程表现为分批分期的过程。在这个过程中，首先最可能实现城市社会融合的是农民工，而在农民工群体中，最易实现城市融合以及城市融合需求最为迫切的当数新生代农民工。

老一代农民工的自我身份认知、自我定位一般都很明确，认为自己就是农民，来城市只是为了多挣钱。经济社会的发展与他们积累的人力资本已经脱节，他们最终的归宿还是回农村老家，因而对于现行社会制度及城市人对他们的看法等，他们一般都会忍耐甚至漠视，表现为"认命"。所以，老一代农民工并不关心户籍制度，参加社会保险的积极性也很低，在他们看来，省下钱带回老家才是正事，也因此他们对城市的住房保障安排漠不关心，寄希望于自己的孩子将来能出人头地，跳出"农门"。他们真正关心的有如下四点：一是能否在城市顺利地找到工作，能否顺利地拿到工资；二是如果遇到暂时的生活困难，能否得到及时的政府救助；三是能否有效避免工伤事故的发生；四是如果发生工伤事故，能否得到合理的赔偿。由此看来，老一代农民工对就业制度、最低生活保障制度、工伤赔偿制度以及讨薪维权制度的需求是最为迫切的，而对社会认同和社会参与并不是很关心。

相对于老一代农民工，新生代农民工的自我定位就比较模糊，且他们大多是一毕业就进入城市打工，基本没有务农经验，另外，农村劳动生产率的提高使得家庭不需要他们参与农业劳动，所以他们容易适应城市生活。对比农村生活和城市生活，他们当然更渴望留在丰富多彩的城市。但城乡分割的教育体制使得新生代农民工（特别是老一代农民工在城里生的孩子）普遍缺乏接受良好教育的机会，导致他们既没有父辈那样的体力和耐力，又没有城里孩子的文化技能，升学和求职都受阻。但他们又不愿意轻易放弃，宁愿留在城市徘徊也不愿意回农村，于是他们会尽可能地利用父辈的社会资本和自己的人际关系网络努力地在城市谋生。因此，新生代农民工对城市融合的诉求，首先在于就业和教育等方面；但因为想长期留在城市生活，出于长远的打算他们更看重的是与留在城市生活息息相关的医疗卫生、社会保障、住房保障等政策的惠及，以及能与城市居民享受同等待遇。当然，如果能取得所在地城市的户口，给新生代农民工一个名正言顺的名分，则是上策，因为对名分的看重是我国的传统文化使然。故新生代农民工相比老一代而言更注重社会认同与社会参与。

（二）新生代农民工遭遇"两难"困境

"两难"困境是指新生代农民工遭遇在城市扎根难和回乡难。城市化是我国现代化进程中的必经之路；而我国作为最大的发展中国家，典型的城乡二元经济社会决定了我国的现代化进程必将经历大规模的乡—城人口流动。与此同时，农村的生产方式和经营模式也在变化，集体土地制度正在变革，农村的经济发展需要将剩余劳动力转移出去。因此，新生代农民工很难再回到农村①，这就是所谓的"回乡难"。

另外，我国正处于计划经济向市场经济转轨的过渡时期，就业的市场化使得人力资本积累相对低下的农民工很难实现在城市稳定、体面地就业；产业结构正在升级，对劳动力的需求也发生了变化；有些制度在改革中或多或少的还残留着计划经济时期的遗迹，例如，社会保障制度、教育制度目前还是明显的城乡二元结构，户口不在城市就无法享受这些政策，因此，新生代农民工在城市"扎根难"。

（三）新生代农民工的出路已演变为社会问题

然而新生代农民工在城市的发展出路到底如何？他们没有父辈们任劳任怨的精神态度，也没有城里孩子们更高的学历技能；在本地人的本能排斥和社会政策的严重缺位下，他们中有相当一部分人继承了上一辈的"低端路线"，对现状的不满甚至仇视使得在城市里找不到正确位置的他们很多走上了犯罪的道路，引发了城市的一系列社会问题。这些，也更加重了社会对他们的排斥，甚至视他们为"洪水猛兽"。可见，新生代农民工的城市社会融合问题不仅是他们个人的问题，而且是城市问题，更是整个社会的问题；是公平与效率之争，是当前增长与长远发展之别，也是局部发展与和谐共进之议。

（四）社会各界对新生代农民工城市融合的重视

学术界最早于2001年，由中国社会科学院社会学研究所的王春光研究员

---

① 本书的研究限于新生代农民工的城市融合，也是基于这方面的原因。本书不涉及农民工回到农村的社会融合。

提出我国农民工分群研究的必要性，认为新生代农民工问题应该引起重视。随后，学界围绕新生代农民工社会融合问题的研究日益增多。并且，2010 年的中央一号文件《中共中央　国务院关于加大统筹城乡发展力度进一步夯实农业农村发展基础的若干意见》中提出"着力解决新生代农民工问题"。而解决新生代农民工城市社会融合问题，必须将其作为一名普通城市居民对待，必须从公平与正义的高度来认识和把握，最根本的在于政府提供的基本公共服务能够实现均等化。

正是基于以上背景，本书研究了我国新生代农民工城市融合的影响因素与后果，在丰富新生代农民工城市融合研究分析框架的同时，利用实地调研的数据来验证理论框架的合理性；在吸取历史发展教训的同时借鉴国外先进的融合理念与措施，提出适合我国国情的新生代农民工城市融合政策建议。

二、研究意义

本书从上述背景出发，从基本公共服务均等化入手，研究解决新生代农民工的城市社会融合问题有着极其重要的理论与现实意义。

（一）丰富新生代农民工城市社会融合的分析框架

基本公共服务均等化的视角跳出了"城乡二元社会、户籍障碍"等研究思路，从更高的起点、更高的视野来解决新生代农民工城市社会融合问题。本书将新生代农民工城市融合的前因与后果纳入同一个理论模型来研究。

（二）促进农民自身的全面发展

长期以来，我国一直实行的是"城乡分治"的政策，各种资源特别是基础设施、教育培训等投入都向城市倾斜，造成农村的生产方式、生活方式等都远远落后于城市，长期生活在这种封闭环境下的农民无法实现自身的全面发展。劳动力的自由流动和农民工的城市社会融合给农民自身的全面发展带来了契机。有研究表明，社会融合对身体和精神的健康都有影响。另外，在社会融合过程中，新生代农民工的个人素养、思维方式、价值观等都会在这种开放环境下跟随着经济社会的发展而发生改变。因此，促进新生代农民工社会融合可以促进他们的全人健康[①]和全面发展。

---

① 全人健康指包括身、心、灵的整体健康。

（三）提供解决"三农"问题的契机

为了适应我国工业化和城市化发展的要求，新生代农民工从农村来到城市寻求就业与发展，其实质是把解决"三农"问题与工业化、城市化和现代化有机结合在一起了。解决新生代农民工城市社会融合问题，既能帮助解决我国农村剩余劳动力的转移就业问题，又找到了凝固多年的城乡二元体制的突破口，还可以带动农村的新发展、促进农业的技术升级、增加农民收入和提高农民素质。

因此，新生代农民工的城市社会融合可以促进产业升级，进一步加快第二产业和第三产业的发展，减少第一产业中的就业人数。另外，促进新生代农民工的城市社会融合可以极大地释放农民的消费，而农民消费是当前内需中最有潜力也是提高最快的部分，这也符合当前"以内需带动经济增长"的方针。

（四）确保社会稳定与和谐

据最高人民法院公布，2008 年农民（其中主要是 35 岁以下的农民工）犯罪人数占总犯罪人数的比例达 52.15%；流动人口（主要是农民工）犯罪人数占比在上海市达 50% 以上，而广州市的这一数据达 80%（丁吉红、赵文进和周爱保，2010）。由此可见，解决好流动人口问题，特别是农民工问题，对于社会的稳定与和谐意义重大。如果继续漠视农民工特别是占主体部分的新生代农民工的城市融合问题，则有可能产生一个规模很大的缺乏归属感的人群，他们甚至会带着一种仇视或不公平的心态来看待城市，一系列新的社会矛盾将会随之而来。

党中央战略性地提出了我国建设和谐社会的长远目标，而和谐首先需要解决民生问题，还要有平等的民权，要让人们活得有尊严。当前我国的城乡户籍问题和农民工受歧视问题都涉及了民生、民权及尊严问题。因此，如果没有新生代农民工的社会融合，和谐社会就会成为一句空话。

第二节　相关概念界定

一、新生代农民工

对于新生代农民工的界定，学术界多是从个人特征、行为特征、心理特征三个方面入手的。首先，个人特征方面。新生代农民工一般主要是指"80后"、"90后"出生、并于 20 世纪 90 年代以后从农村来到城市，但户籍仍然在农村；也有学者认为大部分由农村"80后"、"90后"的"两后生"① 组成（长子中，2009；许传新，2007）。他们的受教育程度比老一代农民工明显提高，由于出生的年代不同、受教育年限更长，故他们一般务农经历很短甚至没有，这也使得他们吃苦耐劳精神比老一代农民工要差（吴红宇和谢国强，2006；李涛，2009），甚至有学者将新生代农民工的特点归结为"三高一低"②（何磊，2005）。2008年对武汉市1100个农民工样本的调查显示，新生代农民工群体中女性的比例明显提高，大多未婚（刘传江和徐建玲，2008）。其次，行为特征方面。新生代农民工的生活方式、消费方式均更接近城市，职业变换多且快，求职与日常生活中更加注重社会网络的应用，也更注重人力资本投资（吴红宇和谢国强，2006；李伟东，2009）。最后，心理特征方面。新生代农民工的消费观念更加开放，不再像父辈那样以攒钱为唯一目的，更加注重生活享受；融入城市的渴望更加强烈，伴随着的利益诉求例如学习愿望、自主创业的意愿、追求并靠拢城市生活及对技术技能的渴求、对自身权益保护的要求、对身份的关注和要求也更加明显（吴红宇和谢国强，2006；李涛，2009）。新生代农民工进城务工的动机相对于老一代农民工有从"生存理性"向"生活理性"转变的趋势（韩长赋，2006），拥有更强的城市化冲动和需求（刘学华，2009）。

综合新生代农民工与老一代农民工的差异，可以总结为以下几个方面（见表1-1）。

表1-1　　　　　　　　　　新生代农民工与老一代农民工的区别

项　　目	老一代农民工	新生代农民工
来城市的目的	挣钱	发展
最终归宿	回农村老家	留在城市
对农村的感情	对农村和土地有深厚的感情和依恋	没种过地，家乡情结很淡，不喜欢农村
对城市的期望	提供的工作机会比种地挣钱多	城市能接纳自己，渴望像城市人一样生活
受教育程度	小学及以下	中学及以上
工作耐受力	高	低
对生活质量的要求	低，只求温饱	追求物质与精神享受
自我身份认知	自己是农民	身份认知模糊

资料来源：李梅香、王永乐：《促进新生代农民工社会融合的新思路》，《天中学刊》2010年第6期。

---

① 农村"两后生"是指农村初、高中毕业后未能继续升学的人员，又不愿再复读的学生。
② "三高一低"是指受教育程度高，职业期望值高，物质和精神享受要求高，工作耐受力低。

本书对新生代农民工的划分采用出生自然年龄标准：即出生于 20 世纪 80 年代以后的农民工。这样划分是因为我国从 1980 年开始实行改革开放，社会开始转型，农村开始实行家庭联产承包责任制（农业生产率的释放使得劳动力剩余开始出现，新生代农民工很少具有务农经验），并且 20 世纪 80 年代开始了独生子女时代（这会影响他们成长的经济条件以及他们的思想观念），他们的成长正好经历了信息时代，故其行为特征与心理特征明显不同于老一代农民工。另外，这样来划分也便于问卷调查与统计分析。

二、城市融合与城市化

"融合"一词最早源于生物学中的细胞融合——最后合成一个比之前两者都要强大、完美的细胞，充分体现了系统论的思想。与融合相近的词汇有"统一"、"整合"、"同化"，等等，但在意义上还是有差别的：前两者更强调"多元"的交汇，最后有一个明确的发展方向；其中"整合"明显忽视了各方的主观能动性，强调了外界力量的介入；而"同化"则体现了一种强势力量对一种弱势力量的吞并、弱势力量对强势力量的绝对服从；"融合"不仅体现了多方的利益和双向的互动，而且强调各主体的主观能动性，最后达到和谐的目标（梁鸿和叶华，2009；杨菊华，2009）。在英文文献中，描述"融合"之意词汇大致有"adaptation"、"incorporation"、"integration"和"cohesion"，等等，其中前两个相当于"同化"的意思，而后两个的中文对应词汇可翻译为"融合"。

社会融合是社会学领域中的一个重要概念，最早由杜尔克姆（Durkheim，1951）提出，用于研究社会融合与自杀率的关系。社会融合是与社会排斥相对、相伴而生的一个概念，但一般认为前者比后者更具有包容性和价值感（钱正荣，2010）。社会排斥往往意指某个特指群体被另一个群体排斥，而社会融合并不针对某目标群体，是一个持续的、任何个体都能介入的过程（嘎日达和黄匡时，2008）。因此，社会融合的概念要比社会排斥运用更广泛。

学界对社会融合的定义无外乎从以下几个角度：一是从社会网络或社会关系的角度，西曼（Seeman，1996）认为社会融合是指个人与家庭、朋友或其他组织建立和保持的一种社会关系，个人正是借这种关系而产生融合的。二是从行为主体之间互动的角度，认为社会融合即不同的行为主体之间的相互参与、相互依赖、相互信任、相互配合、相互适应的过程，表现为一种内聚性，具体到我国的农民工群体，即指农民工主观期望与城市客观接纳的统一，是流入地居民与农民工相互交往相互适应的统一（任远和乔楠，2010）。三是从社会融合具体内容的角度，认为社会融合即农民工在居住、就业、价值观、生活方式等各个方面融入城市社会，最终达到与当地居民同质化的程度（童星和马西恒，2008），能全面参与流入地的经济、社会、文化生活（嘎日达和黄匡时，2008），享受与当地居民无差异的工资待遇、就业机会、受教育机会、健康的权利（郎友兴，2007）。

综合以上观点，并结合本书的研究侧重点（即侧重新生代农民工在城市的融合而不考虑其再回到乡村的融合），本书认为新生代农民工社会融合多是指城市社会融合，可简称为"城市融合"①：即新生代农民工在流入地城市重新建立社会关系网络，并与本地居民相互交往相互适应，最终达到在就业、居住、生活方式等方面与当地居民趋同。因此，城市融合可以是一个过程，也可以表示一种状态，不同的城市融合程度、状态共同构成了完整的城市融合过程②。

城市化至今仍没有统一的定义，但学者们分别从不同的学科角度给出了定义：从人口学的角度，城市化是指农村人口向城镇人口转化的过程，因此，从这个意义出发城市化就是人口城市化的简称；从地理学的角度，城市化即一个地区的人口在城镇相对集中的过程以及城镇用地扩大的过程；从社会学的角度，城市化即人们的生活方式逐渐由农村生活方式转变为城市生活方式，促进人、自然与社会的和谐；从经济学的角度，城市化就是农业产值比重的不断下降和农业就业人口的不断下降，生产方式变为社会化集中大生产。

本书应用城市化的定义是基于人口学的视角；而本书所提到的城市融合更多的是基于社会学的角度，因此，从某种意义上来看，城市融合就是社会学视角下的城市化。

三、基本公共服务均等化

有学者将公共服务等同于公共物品（江明融，2006），也有学者认为公共服务属于公共物品，是公共物品中的非实体部分，其内容包括国家直接提供劳

---

① 在后面的论述中，如非特殊说明，在我国领域内对农民工"社会融合"的研究本书都认为是等同于"城市社会融合"，而国外对"社会融合"的研究并没有侧重于"城市"或者是"农村"，本书在写作中仍遵从原文的提法用"社会融合"。

② 本书所提的"新生代农民工城市融合"并非特指最后"完全融合"的状态，而是包括了不同程度的融合。

务与通过财政支出间接提供诸如教育、卫生、文化、社会保障、生态环境等方面的社会公共需要（安体富和任强，2007）。公共服务具备四个特征：主体的广泛性，目的的公共性，权利义务关系的非对等性以及资源消耗的多样性（李梅香和王永乐，2009）。而基本公共服务是一个国家在一定发展时期内公共服务应覆盖的最小范围和边界，应保护个人最基本的生存权和发展权（陈昌盛和蔡跃洲，2007）。

　　1998 年，达菲（Duffy）领导的研究团队从社会政策制度的角度，提出了欧盟 13 个成员国的关于人类尊严和生活质量的调查报告，其中指出了这些成员国中均有五个领域（与社会政策制度紧密相关的领域）存在着社会排斥问题，分别是健康领域、就业领域、社会保护领域、教育领域、住房领域。我国学者丁元竹（2007）认为基本公共服务应包括医疗卫生、义务教育、社会救济、就业服务、养老保险，陈昌盛和蔡跃洲在 2006 年的《中国公共服务发展报告》中将基本公共服务界定为基础教育、公共卫生、社会保障、基础设施、科学技术、公共安全和环境保护七个方面；另外，国家发展和改革委员会宏观经济研究院课题组（2008）确定的我国现阶段基本公共服务范围由医疗卫生、义务教育、社会救济、就业服务、养老保险和保障性住房五个方面组成，对比《小康》杂志社于 2010 年在全国 13 个城市发起的基本公共服务均等化调查，后者的调查项目和前者基本相同，只是把社会救济和养老保险合成了一项——社会保障。在不同国家或地区，不同发展阶段，基本公共服务的范围和特点是不一样的，它会随着经济社会的发展、人类需求的变化而变化。基于上述研究，本书将基本公共服务范围界定为社会保障、医疗卫生、义务教育、就业服务、保障性住房五个方面。

　　基本公共服务要求"均等化"，而"均等化"的内涵则一般包括起点或机会平等、能力平等、需求平等、结果平等几个方面（项继权和袁方成，2008）。由此可见，基本公共服务均等化的内涵即要求基本公共服务的内容和水平的均等（结果平等）、服务设施和资源的占有均等、公民的权利和机会均等（起点平等），不能因公民的身份不同而导致基本公共服务水平差异，基本公共服务均等化的目的就是保证公民生存与发展的起点公平，且不能因为身份、能力与需求的差异而导致基本公共服务水平差异过大。基于前人的研究，并鉴于我国的经济社会发展阶段以及基本公共服务极端不均衡的现实，本书对"均等化"的理解侧重于机会平等和结果平等。

四、城市公民行为

笔者在"组织公民行为"的基础上提出了"城市公民行为"的概念。

20世纪50年代巴纳德（Barnard）提出：对于任何组织来说，组织中的每位成员的合作意愿是必不可少的（巴纳德，1997）。随后1967年汤普森（Thompson）在其组织结构理论中提出了自觉合作行为的重要性。正是因为任何组织的设计都不可能十全十美，这样，仅仅依靠组织规定的每一个成员的角色内行为将难以完成组织目标，所以任何组织都应该重视成员的自觉合作行为。在以上研究观点的基础上，贝特曼（Bateman）和奥根（Organ）于1983年正式提出了组织公民行为的概念：这是一种有利于组织的角色外行为，既不是正式角色所要求的，也不是劳动报酬所规定的，而是由一系列非正式的合作行为所组成。组织公民行为与组织成员的自觉合作行为有关，能在整体上有效地提高组织效能。但也正是因为这种行为超越了正式角色的要求，管理者一般不易察觉组织成员是否实施了组织公民行为，因此，也不易凭借组织的激励制度迫使和引导成员实施这种行为。

组织公民行为的研究层次一般分为：个体层次、群体层次和跨层次三种。以往的研究大多是基于个体层次的组织公民行为，但群体层次的组织公民行为更有普遍性和现实意义，因为个体实质上都是存在于群体之中，且受到群体的影响。个体层次和群体层次的组织公民行为都是一种角色外行为，都无须得到组织的正式薪酬体系的直接回报以及监督体系的直接观察，但都可以促进组织的有效发展。两者的区别在于：一是，群体层次的组织公民行为是群体作为一个整体而表现出来的行为，而个体层次的组织公民行为是员工个体实施的行为；二是，群体层次的组织公民行为不是群体内所有成员的个体组织公民行为的平均值，而是群体的"整体印象"；三是，群体层次的组织公民行为是一种群体现象，能够作为一种群体规范，进而影响群体内单个成员的行为和态度；四是，群体层次的组织公民行为与情境高度相关。工作团队、小组、流水线等都是一种群体，而城市，只是一个规模更大的群体，所以，本书提出了"城市公民行为"的概念，本质上属于群体层次组织公民行为。城市公民行为是指城市全体成员作为一个整体所表现出来的非正式合作行为，无须得到城市正式奖励体系的直接回报以及监督体系的直接监察，但却可以促进城市的有效发展。

五、全人健康

全人健康是指身、心、灵的全面健康。西方发达国家提出的"全人健康"概念，不仅仅是医学、生物学的研究成果，更是集合了社会科学、自然科学，甚至政治、经济等学科的产物。因为他们很早就意识到社会、政治、经济等因素都对人的健康有影响，所以，社会融合乃至整个社会的和谐都能促进全人健康。身心灵健康一般要从身体、情绪、思想观念三个方面入手，通过生理、心理、精神的互动，最终达到全人健康的状态。身体层面的健康主要是通过物理方法和加强锻炼来达到；情绪层面的健康一般通过缓解负面情绪、激发积极的情绪以及用适当的方法调节情绪而达到；思想观念层面的健康一般通过增加人际交往与互信、培养积极的人生态度以及理解生命的意义等方法而获得。

第三节　国内外研究综述

"社会融合"的概念最早由西方提出，因此西方文献关于社会融合的研究较多。但西方文献对社会融合的研究一开始并没有明确地针对某一个特殊的群体，例如，涂尔干对普通人群自杀现象的研究。后来西方社会融合的研究对象转向国际移民或少数民族群体，但鲜有针对农民工群体的社会融合研究，这是因为西方的城市化进程不同于我国，所以西方并没有出现类似于我国如此大规模的、身份与职业错位、严重受户籍制度牵绊的"农民工"群体。鉴于此，本书对"社会融合"的综述分为两大部分：一是国外针对一般人群或移民社会融合的文献；二是国内针对农民工城市融合的文献。

一、国外研究动态

社会融合的概念与理论都起源于西方，他们对社会融合的研究有关注社会个体与某个群体之间的关系，也有关注群体与群体之间的关系。至于西方发展的关于社会融合的理论，本书将在第二章作详细介绍。该节综合了近年来社会融合领域较有影响力的文献，并按照微观、中观、宏观三个层次来梳理。

（一）微观层次的研究

对社会融合微观层次的研究多以社会个体为研究对象，考察个体与个体之间，个体与其他群体或组织之间的关系。这一类研究所针对的个体多为社区的普通成员，并不一定针对外来移民；另外，微观层次的研究多为实证研究。

1. 个体与个体之间的社会融合。这一类研究多分析社会融合状况对个人的健康、婚姻等的影响。例如，休斯和戈夫（Hughes and Gove，1981）测量了独居对心理健康、精神状况和不当行为的影响。研究发现，社会融合不仅能直接通过增加生活的意义而获得社会回报，而且能通过社会责任、义务及社会约束机制而产生行为规范。而摩恩、登普斯特－麦克莱恩和威廉姆斯（Moen、Dempster-Mcclain and Williams，1989）在对纽约北部的427名妇女和母亲进行了调查以后，认为社会融合（本书中是以妇女占据的角色数目来度量社会融合程度）能促进妇女的长寿，特别是那些在志愿性组织中的妇女。另外，布斯、爱德华兹和约翰逊（Booth、Edwards and Johnson，1991）对已婚人群做面板数据分析，考察社会融合对他们个人婚姻稳定的影响。分析结果认为社会融合并没有显示出其对离婚有着很强的、一致的反作用。

2. 个体与群体之间的社会融合。李（Lee，2000）研究了社区融合与暴力性犯罪之间的关系，认为个人如果能较好地融入社区，可以直接减小遭遇暴力性抢劫事件的可能性。研究基于超过12个国家的大量样本，显示出社区内的社会经济网络、人口、生活方式、邻居的身份地位、社区的融洽度等都会减少在家附近遭受抢劫和袭击的可能性，社区融合或许是犯罪风险的决定性因素。索伦森（Sorensen，2002）对挪威北部的7个社区进行了调查，用9维度的社会—经济融合来度量社区融合程度，还考察了社区融合程度与个人的社会支持网络之间的关系。

（二）中观层次的研究

中观层次的社会融合研究多关注群体与群体之间的关系或者某个群体的总体特征，因此，中观层次的研究既有实证研究，也有政策研究。例如，莱格尔－塔斯（Junger－Tas，2001）以荷兰为例，说明了社会融合与犯罪行为之间的联系，并指出导致犯罪的基本原因不在于来源国的不同、民族的不同以及国家所在地的不同；而斯普利，皮斯、布彻和奥尼尔（Spllnley、Peace、Butcher and O'Neill，2005）则将社会融合作为社会政策的目标，主要考察移民定居的结果。中观层次的研究所关注的群体一般为某个城市（如 Angell，1947）、移民群体或者少数民族群体（如 Mueller，2006），其中又以针对移民群体社会融合的研究居多。以下就针对移民群体社会融合的研究文献做一简要梳理：

1. 对移民社会融合的影响因素研究。阿斯伦德、布尔玛和斯坎茨

（Åslund、Böhlmark and Skans，2009）专门研究了移民的年龄（迁移时的年龄）对其社会融合的影响，包括对劳动力市场方面的融合、居住方面的融合，等等，并认为年龄越小越有利于社会融合。尔霍宁（Korhonen，2006）对芬兰的坦佩雷做了调查研究，发现社会资本影响移民社会融合。约翰逊和福西特（Jackson and Fawcett，2001）对1990年后来到加拿大魁北克的新移民进行调查，认为除了受教育程度和工作能力影响他们在加拿大的社会融合以外，来源国家也是影响社会融合的关键因素，原因可能在于劳动力市场上的歧视。与此类似，杜斯曼（Dustmann，1996）用德国的数据证明了影响移民社会融合的因素有个人特征、国籍和家庭情况。

2. 移民社会融合与健康的关系研究。学者们认为移民的社会融合、社会认同、社会关系网等与其健康水平关系密切，特别是移民心理健康（Pinquart and Sörensen，2000），另外，道嘎和萨帕（Dalgard and Thapa，2007）研究奥斯陆移民社会融合与心理健康的关系时，还考虑了性别的影响。一般认为社会融合影响移民的全人健康，也有专门研究主观健康状况的，但更多的是研究社会融合对个体的精神健康的影响（Kuo and Tsai，1986；Wong and He，2006；Furnham and Bochner，1986；Bhugra，2004）。

3. 移民社会融合的经济与社会后果研究。移民的社会融合除了影响其健康状况外，皮考特（Picot，2008）用加拿大的数据说明其还影响经济状况和社会状况；希金斯（Siggins，2007）提出困难家庭更需要社会融合，换言之，移民的社会融合影响家庭的经济收入和经济地位。另外，社会融合能够改变个体的行为与观念（Berkman and Breslow，1983；Carling，1992；Forrester-Jones and Grant，1997；Cohen，2004）。

移民社会融合的一个重要结果就是缓解社会矛盾，有利于社区及城市管理，对一个组织的产出、效率与绩效都有重要影响（Charles、David and William，1989），同时，也表现在降低社会犯罪率、增加婚姻的稳定性等方面（Booth、Edwards and Johnson，1991；Lee，2000；Junger-Tas，2001）。

4. 移民社会融合的指标研究。奥姆勒（Aumüller，2005）对佛罗伦萨的移民研究中提出了社会融合的指标体系，并指出该指标体系在不同代的移民之间会发生变化；艾子阁和拜泽沃德（Entzinger and Biezeveld，2003）在介绍欧洲移民社会融合政策的同时，将社会融合分为四个领域：社会经济、文化、法律与政治、态度，并分析了每个领域的融合指标。

（三）宏观层次的研究

宏观层次的社会融合研究多用于政策研究，并将社会融合作为社会发展的最终目标或者是达到某一目标的政策手段。例如，博韦和简森（Beauvais and Jenson，2008）从宏观上界定了社会融合，将社会融合的影响因素分为全球化和新技术的出现、多样性、社区，而社会融合的后果则分为经济绩效与福利、健康、民主机构的参与率与合法性；康斯坦、卡汉磁和齐默尔曼（Constant、Kahanec and Zimmermann，2008）研究了欧洲移民和少数民族的社会融合问题，认为本地人的消极态度、歧视、低的教育程度和低自信是影响他们融合的主要因素，并提出政府应该将少数民族平等对待，积极制定反歧视的法律。

当然，社会融合的中观层次与宏观层次研究并不能严格区分开，需要注意的是，宏观层次的社会融合研究仍要借助于微观层次和中观层次的基础，从而实现对宏观层次社会融合的测量和评价。

二、国内研究动态

关于我国农民工的城市融合问题目前在学术界是热门话题。针对本书的研究重点，本书从农民工城市融合的现状、影响因素、影响后果及解决的建议等几个方面梳理以往研究成果。另外，由于针对新生代农民工的城市融合研究目前较少，本书将与此有关的研究文献并入一般农民工的城市融合文献综述中，此外，本书还梳理了基本公共服务均等化与农民工城市融合之间的关系等相关文献。

（一）我国农民工城市融合的现状研究

改革开放以来，我国各领域的改革此起彼伏，城乡二元体制正在松动，农民工为了生存和发展的需要来到城市，与城市之间的社会融合正在自下而上地悄悄启动（童星和马西恒，2008）。但大多数学者在研究我国农民工社会融合现状时，均指出现阶段我国农民工社会融合总体水平很低，外来人口与本地人口在各方面的差距还很大，农民工还处于相对隔离状态（杨晖和江波，2009；杨绪松、靳小怡、肖群鹰和白萌，2006；张文宏和雷开春，2008）。概括来看，学者们研究当前我国农民工社会融合状态一般从两个角度来考察：客观角度与主观角度。一是客观角度，主要包括农民工的就业、社会关系、社会参与、经济收入、住房、公共权益的保障、制度性支持，等等。二是主观角度，主要包括文化的认同、归属感、满意度、歧视与排斥、身份认知、未来期望，等等（陈玮和任晓军，2009；李义波和朱考金，2010；张文宏和雷开春，2008，2009；吴维平和王汉生，2002；张国胜，2007）。在研究对象的选择上，学者们一般选择北京、上海、广东等经济发达且农民工集中的地区。一是广东。基于广东惠州市的调查，杜鹏、李一男、王澎湖和林伟（2008）认为农民工的就业选择已不再盲目，大多"外来蓝领"与用人单位签订了劳动合同，但他们的社会保障权益还无法得到保障，社会关系网狭窄造成了"蚁巢"现象的产生；李树茁、任义科、靳小怡和费尔德曼（2008）认为深圳市农民工的社会支持网规模小，农民工生活满意度较高，市民对农民工多持认同的态度；而杨绪松、靳小怡、肖群鹰和白萌（2006）则认为深圳市农民工的工作和生活圈子主要还依赖于"亲缘"和"地缘"关系。二是北京。北京的流动人口政策也刚起步，社会融合水平总体低下，要实现心理的完全融合仍需时日，但受歧视状况与社会交往状况相对较好（黄匡时和王书慧，2009；杜鹏、丁志宏、李兵和周福林，2005）。三是上海。上海的外来农民工的整体满意率为70.7%，在经济、政治、公共权益和社会关系几个维度上的融合有所改善，但城市融入的总体倾向仍偏低（王桂新和罗恩立，2007；陆康强、程英和钱文杰，2010）。

（二）农民工城市融合的影响因素研究

综合前人的研究成果，农民工城市融合的影响因素主要有如下8个方面。

1. 个人特征方面。主要包括性别、年龄、是否是独生子女、婚姻状况、党员身份、在流入地居住时间、流出地、务农经历、在城市的生活体验等等（许传新，2007；殷娟和姚兆余，2009；张文宏和雷开春，2008；邓大松和胡宏伟，2007；周莹和周海旺，2009）。一般认为，年龄偏小、独生子女、在流入地居住时间越长、流出地的经济越好、务农经历越少、在城市的生活体验越好的农民工更容易融入居民。

2. 农民工的教育培训状况。学者们大多认为农民工的受教育年限越长（包括所接受的家庭教育和学校教育）、接受的技能培训越多，则其自身的人力资本素质越高，也就更容易适应城市生活，且这部分人群也更愿意提升自我，从而形成良性循环（任远和邬民乐，2006；张雷和王桂新，2008）。

3. 农民工的就业状况及与之相关的经济收入和社会地位。当前农民工群体中普遍存在着就业机会不平等，甚至慢慢形成了城乡二元的就业体制，农民工的工资收入普遍偏低、生活状况堪忧，而这些又在很大程度上决定了农民工的社会经济地位的低下（王章华和颜俊，2009；易善策，2007；钱文荣和张忠明，2006）。

4. 农民工的社会关系网络或者说由此形成的社会资本。由于农民工在城市的工作多为高强度、长时间的体力劳动，致使他们的闲暇时间较少，与当地居民的生活交流也因此受到影响，他们中大多仍旧依赖"血缘"、"地缘"等初级网络，从而阻碍了其城市社会融合（季文，2008；孙秀林，2010）。

5. 农民工的住房情况。当前我国农民工的住房情况不容乐观，城市的高房价、住房保障体系等均将其排斥在外。农民工的居住地点、聚居方式、人均居住使用面积和住房质量等均影响其城市融合状况（罗仁朝和王德，2008；黄英，2008；李涛，2009）。

6. 我国的户籍制度及以户籍制度为母体的一簇制度的影响。户籍制度既影响农民工在城市的实际利益，例如，社会保障待遇、其他公共服务等，也影响农民工的心理倾向。另外，我国的城市化战略、城市偏向的政策倾向、城市社区的管理方式等都影响农民工的城市融合。一般认为，我国已经到了"工业反哺农业"的阶段，各种社会政策不应再有城市倾向，应打破城乡二元结构，城市社区应对农民工提供促进融合的服务（李伟东，2009；陈世伟，2007；任远和乔楠，2010）。由于户籍制度、就业制度、社会保障等种种制度隔离将新生代农民工排斥在市民之外，这样，他们融入城市社会的主观愿望、过高期望与城市对他们客观排斥之间就形成了巨大的反差（任远和邬民乐，2006），严重阻碍了新生代农民工的城市融合进程。

7. 流入地居民对农民工的态度、偏见与歧视。研究认为，很多城市居民都认为外来农民工素质低下、占用城市公共资源，因而歧视与排斥农民工。对从事脏活、累活，穿着邋遢的农民工嗤之以鼻，这些都严重影响农民工的城市融合（李涛，2009；陈玮和任晓军，2009）。

8. 农民工本人的心理状况、心理认知等。本身性格乐观、心态平和的农民工更容易融入城市，另外，有着强烈的城市向往与融入意愿的农民工相对更可能融入当地（楼玮群和何雪松，2009；嘎日达和黄匡时，2008；胡杰成，2009；陆康强、程英和钱文杰，2010）。

（三）农民工城市融合的后果研究

至于城市融合的影响后果，国外研究文献相对更多，且国外研究主要集中于健康水平和社会犯罪率及婚姻的稳定性方面，而我国针对农民工的研究则主要考察城市融合对社区、对城市的秩序影响以及对农民工个人经济社会地位的影响。

一是威胁城市的正常管理秩序。对城市归属感的缺乏、生活与工作的不稳定、社会支持的缺位、周围人群的异样眼光、与主流生活的远离、长期底层阶层的凝固，等等（杨昕，2008），都极易导致新生代农民工走到极端，给城市的正常秩序与和谐社会的构建带来严重挑战。

二是影响个人的健康状况。何雪松、黄富强和曾守锤（2010）的研究认为城市融合程度与精神健康状况是正相关关系。

三是防止农民工成为城市"边缘人"。由于新生代农民工绝大多数不愿甚至没有能力没有条件再回到农村务农，因此，他们极易成为城市和农村之间的"两栖人"、"边缘人"（刘传江和程建林，2008）。这也就是何绍辉（2008）提出的新生代农民工在城市"扎根难"和回到农村的"归根难"两难境地。

（四）促进农民工城市融合的对策研究

在寻求促进农民工城市融合的方法与途径的过程中，有的学者主张找到责任主体，然后明确每个责任主体的具体职责。如有的学者认为解决农民工城市融合问题要从国家、城市和农民工自身三方入手（陈世伟，2007），有的学者认为其责任主体为政府、企业与市民（王竹林，2008），也有学者将其分为公共、社会和个人三方（梁鸿和叶华，2009）。除了责任主体的视角外，还可以从环境的角度来划分促进农民工城市融合的方法，戴欢欢（2009）将其分为政策环境、法制环境和服务环境。

本书按照宏观、中观、微观的思路来梳理文献。

1. 宏观层面。宏观层面主要是国家与政府行为，要促进农民工城市融合，首先应转变政府职能，增强政府的服务意识而不是管理意识（陈玮和任晓军，2009），避免出现政府缺位、越位和错位现象（易善策，2007；樊晓燕，2009）。其次政府应为农民工城市融合提供必要的制度支持。教育与培训支持是提升农民工自身素质的必要手段（郎友兴，2007）；城乡一体化的劳动力市场建设是提高农民工经济地位、改善其生活状况、促进其融入城市的重要一环（邹农俭，2008）；将住房保障扩展到农民工群体并安排混居模式是农民工群体实现在城市安居乐业的基础（杨绪松、靳小怡、肖群鹰和白萌，2006；张国胜，2007）；社会保障制度是社会的"安全网"和"缓冲器"，因此覆盖到农民工的贫困救助制度及社会保险制度是必要的（王桂新、张蕾和张伊娜，2007；张国胜，2007）；农民工是弱势群体，其自组织和谈判力量均很薄弱，有必要维护该群体的合法权益，并且构建农民工的利益表达机制（黄匡时和王书慧，2009；胡杰成，2009）；户籍制度可以说是我国城乡二元结构的"母体"制度，其背后有太多的"粘连制度"，应逐步剥离"母体"制度背后的"粘连制度"，最终才能真正实现平等，农民工群体才能真正实现国民待遇（童星和马西恒，2008；马桂萍，2008；刘传江和程建林，2008；李梅香和王永乐，2010）。

2. 中观层面。中观层面主要从社会、社区以及企业角度来看。首先社会应努力为农民工的城市融合做好媒体宣传、创造良好的舆论氛围（王章华和颜俊，2009）；社区是农民工生活的区域，更应做好人文关怀，为农民工提供具体的生活服务与支持，方便农民工与其他居民的交流（周莹和周海旺，2009；钱正荣，2010；景志铮和郭虹，2007）；企业作为农民工的用人单位，在就业与权益保障方面基础作用是不可替代的（王竹林，2008）。

3. 微观层面。微观层面包括市民与农民工个体。市民应平等地看待农民工并正确认识农民工对城市的贡献，避免歧视与偏见（李义波和朱考金，2010）；农民工个人也应努力提升自己的实力，改变自己的行为方式并增加与市民的交流（郭秀云，2008）。

（五）基本公共服务均等化与农民工的城市融合

当前我国（基本）公共服务的不均等现象主要表现在地区之间、城乡之间和群体之间，而群体之间公共服务均等化的焦点是农民工群体，"基本上享受不到城市政府提供的公共服务"已成为农民工流向城市并融入城市的主要障碍（国家发改委宏观经济研究院课题组，2008）。农民工融入城市的目标是逐步获得与城镇居民接近和水平相当的生活质量，而公共服务差距与生活质量之间存在因果关系（陈昌盛和蔡耀州，2007）。2006 年中国农民工平均生活质量指数为城镇居民平均水平的 53%，农民工享受的基本社会保障水平只有城镇居民的 25%，差距悬殊（国家统计局课题组，2007）。当前农民工在最基本的公共服务方面与城镇居民仍存在较大差距，包括子女的义务教育、公共卫生与基本医疗、基本社会保障、就业公共服务等方面，特别是就业的过程中择业、生产和制度等均存在严重的就业不平等，而就业不平等在很大程度上造成了城市居民对农民工的社会排斥（李芹和刘万顺，2009）。其原因在于城乡分割的户籍管理制度、流入地政府的财政能力、缺乏全国统一的农民工政策、地方保护主义和歧视性政策、缺乏服务型政府的评价体系，等等；基本公共服务均等化是解决农民工城市融合问题的基本原则、普遍标准和行动框架（陈昌盛和蔡耀州，2007；中国（海南）改革发展研究院，2008）。

三、简评

我国新生代农民工是一个新兴的群体，对该群体的相关界定及行为规律研究至今仍没有形成一致结论，且这一群体所造成的社会问题、经济问题甚至政治问题日益严重。虽然国外对城市融合的研究大多是针对移民群体和少数民族群体，但其研究理论、方法和视角对我国的相关研究是有借鉴作用的；我国对农民工城市融合的研究已经有了一定的规模，其中不乏科学性和合理性，但仍然不成体系。本书从以下几个方面对已有文献之不足进行简要评述：

第一，从总体上来讲，对于城市融合的研究仍然处于起步阶段。而且，"农民工"现象是我国改革开放后才开始出现的，农民工问题的暴露与农民工城市融合需求的重视也是近几年才显现出来，对该领域的研究深度不够，尤其是新生代农民工这个子群体。

第二，国外相关研究大多是基于西方背景，多见于针对发达国家的移民研究，而且"移民"主要是国际移民和少数民族。而我国国情与西方国家有很大差别，移民问题的性质、过程等都有很大差别，且移民的主体构成部分是农民工。因此，国外许多研究成果不能直接用于本书针对我国新生代农民工的研究。

第三，学术界对于社会融合的概念、维度划分、影响因素及影响后果的界定一直处于混乱状态。例如，有些研究混淆了社会融合的定义与其维度划分，有些研究混淆了社会融合的维度划分和其影响因素，还有的研究将社会融合的影响因素与影响后果混为一谈。但是这三者事实上是不同的。在维度的划分上，不同学者的划分呈现出相互交叉、相互包含的关系。

第四，当前学术界对社会融合的测量五花八门，且实证分析相当缺乏，大多是对现状的描述。维度的划分往往决定着社会融合的测量，不同的维度划分决定着不同的指标体系的建立、可操作化及量化，而国内很多研究在确定指标时缺乏足够的依据。

第五，学术界对影响新生代农民工城市融合的因素进行了充分的罗列，但始终缺乏一个更高层次的统领和逻辑思路，没有一个完整的分析框架。另外，在众多影响因素中，"户籍制度"是提到最多的，却较少考虑我国发展的路径依赖和渐近式的改革要求。

以上综述与评价是笔者通过相关文献的阅读而得到的初步判断，难免会有遗漏和不妥之处。前人研究的方法、工具等无疑具有方法论意义，但针对我国新生代农民工城市融合的研究还相当薄弱，这一子群体与老一代农民工有何差异？我国当前的社会、经济大背景下，它主要受何种因素的影响？现实的、可操作的解决方案应从何种角度提出？针对这些问题，基于前人研究中的缺失、不足与疑问，本书重新界定了新生代农民工的城市融合、维度划分、测量指标，从我国基本公共服务均等化的高度来度量其对新生代农民工城市融合的影响，用结构方程模型模拟城市融合与融合后果之间的关联，并针对这些关系提出约束条件下的最佳解决途径。

第四节 研究框架、内容安排、方法与创新

一、研究框架和内容安排

（一）研究框架

紧紧围绕着新生代农民工的城市融合问题，本书以"基本公共服务均等化—新生代农民工城市融合—城市公民行为与全人健康"为分析主线，研究新生代农民工城市融合与前因及后果之间的关联性。首先，通过文献研究对相关概念进行了界定和理论综述；其次，在比较国内外城市化社会融合政策与实践的基础上，设计问卷并展开实地调研，搜集数据对理论模型进行检验；最后，结合我国国情，提出新生代农民工城市融合的政策建议。具体研究框架见图 1-1，其中基本思路用实线表示，研究方法用虚线表示。

（二）内容安排

本书的主要内容包括如下几个方面：

1. 城市化与新生代农民工的城市融合。因为城市化，才有了我国农民工群体，进而才产生了农民工城市融合问题。城市化是我国现代化进程中的必经之路，在城市化的过程中必将发生大规模的人口迁移——主要是乡城迁移。而在这个迁移中最可能实现城市融合的是农民工——主要是新生代农民工群体。

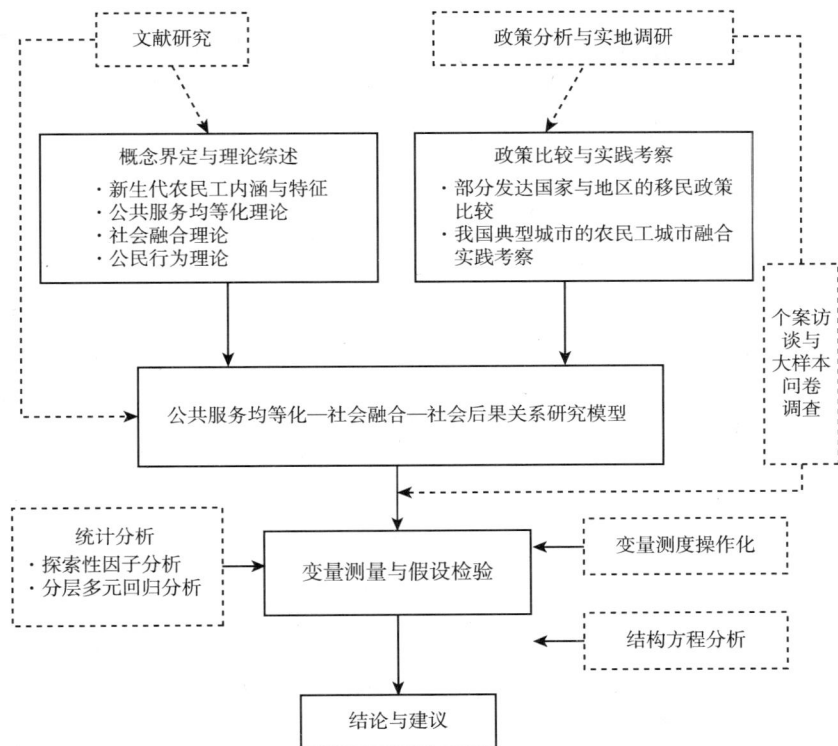

图 1－1 本书的研究框架

促进新生代农民工的城市融合是我国当代构建和谐社会的题中之意。

2. 新生代与老一代农民工城市融合需求差异。新生代农民工对比老一代农民工的出生和成长背景、受教育经历、务农经历、乡土情结、对城市和农村的认知都是不一样的，这些都导致了新生代农民工进入城市的目的与留城意愿发生了根本性变化，进而他们对城市融合的需求也有很大差异。这种差异正是本书研究的逻辑起点。

3. 国外移民与国内农民工的城市融合实践分析。这种"融合之鉴"与"融合之践"随着时代的发展而发展，对当今新生代农民工的城市融合有指导意义。

4. 影响新生代农民工城市融合的因素分析。依据现有的研究成果、农民工城市融合现状和实地调查，本书梳理了六个方面的影响因素：个人特征、就业情况、经济收入、政策因素、文化价值观因素、服务机构的支持。

5. 基本公共服务、城市融合与融合后果的测量。影响新生代农民工城市融合的六个方面的因素，均与我国基本公共服务的提供密切相关，本书将影响因素提炼成五个方面的基本公共服务：就业服务、义务教育服务、社会保障、医疗卫生服务、住房保障。根据前人的研究成果，本书将上述五个方面均等化程度的测量具体化为微观的、针对新生代农民工的分问题。

依据城市融合的定义、维度，本书将城市融合分为三个方面的指标：社会参与、社会关系网络与社会认同，并将这三个维度具体化为调查问卷，依据答案选项分别赋值以量化。融合后果本书选用全人健康和城市公民行为来衡量。

6. 理论模型设计与检验。基于对新生代农民工的问卷调查数据，本书应用多元回归分析方法和结构方程模型验证理论框架，检验各影响因素之间的相关性、影响因素与城市融合之间的联系、城市融合与其后果之间关系等。

二、研究方法和主要创新

（一）研究方法

本书所使用的研究方法大致有如下五种：

1. 历史分析法。本书在回顾我国城市化进程的基础上，通过历史分析方法对我国农民工城市融合的轨迹进行了梳理。

2. 对比分析法。本书对比了我国与几个典型国家的城市化进程，并对国内典型城市的融合政策及其实施进行了比较。

3. 实地调研法。笔者针对基本公共服务均等化、城市融合、城市公民行为、全人健康等几个关键变量设计了调查问卷，并在流入地做了充分的实地调查。

4. 多元回归分析方法。通过对调查问卷做统计分析，在对各指标分别做描述性统计的基础上，本书多元回归分析方法对新生代农民工城市融合与前因变量之间的关系进行了检验。

5. 结构方程模型。本书应用结构方程模型分析城市融合程度与城市公民行为和全人健康之间的逻辑关系以及变量内部各指标之间的关联性。

（二）主要创新

本书主要创新点如下：

1. 研究对象的创新。新生代农民工是我国农民工大军中的主要构成部分，且当今很多社会经济问题与新生代农民工直接相关，因此本书将新生代农民工锁定为研究对象。前人的研究大多关注农民工在城市的生活现状、城市认同、社会距离、半城市化、城市适应问题，等等，很少有针对新生代农民工城市融合的研究。

2. 研究视角的创新。本书从基本公共服务均等化的视角来看待新生代农民工的城市融合问题，突破了传统研究中户籍制约、城市的歧视与偏见、城乡二元体制的研究局限。传统研究多从各领域的改革入手，而全面改革实施难度大、要求高、时间长；基本公共服务均等化则相对更具有现实性与可操作性。

3. 城市融合后果变量的构建创新。本书认为新生代农民工城市融合会带来三个层次的后果，其中，中观层次表现为城市公民行为，这一概念是根据"组织公民行为"理论而提出的，城市是一个比企业更大型的组织，城市公民行为同样有利于城市的发展。进一步地，本书构建了城市公民行为的指标体系与测量量表。另外，在对城市融合概念进行测量的过程中，本书提出其社会关系网络在城市的重建与转型更能显示出其城市融合的程度，确定了"社会关系网络转型"的维度，不同于以往研究中对社会关系网络不分新旧的处理方式。

4. 方法创新。本书采用结构方程模型来检验新生代农民工城市融合与后果变量之间的关联性，区别于以往研究的描述性统计和简单的回归分析。另外，在实证研究中，将城市融合构念作为二阶因子结构来建模，而不是一阶因子结构。

第二章 理论基础

当前，学术界针对农民工的研究主要是基于经济学和社会学的视角。从经济学的视角出发，农民工被看作是一种人力资本要素，农民工的流动是劳动力的流动，且流动与否主要取决于这种劳动力转移的成本和收益，因此，经济学者多注重农民工的人力资本，认为人力资本是农民工能否融入城市的关键因素。从社会学的视角出发，农民工被看作是社会个体，其流动被认为是一种社会的流动，从而影响社会的结构（包括职业结构、阶层结构、地域结构等），因此，社会学者多关注农民工的社会流动所带来的社会结构变动，以及这种变动最后是如何影响农民工个体的经济社会行为和社会资本。其中，社会资本（主要体现在社会关系网络方面）对调节农民工进入城市的各种成本起着非常重要的作用。本书主要应用了人口迁移及社会融合的相关理论，其中前者是站在经济学的角度，后者主要基于社会学的视角；对待农民工问题，除了上述两个视角外，本书还应用了福利经济学的视角，也即本书所涉及的基本公共服务均等化理论。

第一节 人口迁移的相关理论

从经济学的视角出发，新生代农民工的社会融合与人口迁移密切相关，这是城市化发展的必经阶段。新生代农民工迁移到城市，要融入城市必然与其自身的人力资本素质紧密相连。

一、人口迁移与城市化发展之间的关系

经济学视角下关于人口迁移与城市化进程之间关系的理论，主要由泽林斯基（Zlinsky）和诺瑟姆（Northam）提出了两种论述。

（一）泽林斯基的五阶段论

泽林斯基（1966）根据发达国家 20 世纪 70 年代的人口迁移、工业化、城市化、现代化进程之间的关系，将人口迁移的进程分为五个阶段：

1. 工业革命前的社会阶段。该阶段，人口出生率高，死亡率也高，所以人口的自然增长缓慢，也因此很少有迁移和流动现象。

2. 工业革命的早期。这个时期，由于工业革命的刺激，社会开始转变，技术的进步使得人口的死亡率开始下降，人口开始增多，农村剩余劳动力也增加了，出现了乡—城人口迁移现象。

3. 工业革命晚期。人口出生率下降了，从而在一定程度上抵消了人口死亡率下降的影响，人口自然增长缓慢了，乡—城迁移开始放缓。

4. 后工业发达时期。人口出生率与死亡率都很低，乡—城迁移现象更少，但城市之间的人口迁移增多。

5. 未来更发达社会。大多数的人口迁移都发生在城市之间，基本上很少见乡—城迁移。

该理论为我国的新生代农民工进城现象提供了理论视角。当前，我国正处于大规模地乡—城人口迁移时期，这是工业社会发展的必经之路，必须正确地、妥善地解决这一问题。等到我国生产力水平更上一个新台阶的时候，新生代农民工问题便会慢慢消亡，但这一历史时期会比较长。

（二）诺瑟姆的"S 曲线"理论

诺瑟姆（1975）认为，从世界范围内来看，各国的城市化发展基本上都经历了"S"形轨迹，形象地表明了城市化发展是由慢到快，再到慢的过程，最后停滞不前。其实该理论的含义是，各国的城市化进程均与各国自身的经济社会发展水平紧密相关。

1. 初始阶段一般为农业经济社会时期，社会生产率很低，农业生产需要手工劳作，因此需要大量的农村劳动力来保证粮食的生产。工业处于起步阶段，只能提供约 10% 的就业机会，因此，这一时期的城市化进程非常慢。

2. 经济社会快速发展时期。如果一个国家的经济进入高速发展时期，则劳动生产率迅速提高，迅速出现大量的农村剩余劳动力，各种因素"推着"这些剩余劳动力寻找其他出路；与此同时，城市工业的迅速发展则正好提供了大量的就业机会，"吸引着"这些农村剩余劳动力进入城市，这一"推"一

"拉"正好形成一股很强的合力，使农村剩余劳动力的城市化进入了高速发展时期。一般在这一阶段内，城市化率会迅速从10%提高到70%左右。

3. 城市化停滞阶段。当一国的城市化率超过70%之后，城市和农村都已经高度发达了，生活质量差距已经不太大了，"推拉合力"逐渐消失，人口的乡—城迁移也就慢慢停止了。

4. 城乡一体化阶段。当一国的生产力高度发达之后，城乡差别就完全消失了。

以上两个理论有相通之处：都认为一国的经济社会发展阶段决定了人口迁移的阶段；大量的乡—城人口迁移（在我国表现为农民工群体）现象是城市化进程中的必经环节；经济社会的发展最终会实现城市和乡村的无差别化。这为本书研究新生代农民工的社会融合提供了基础性的理论支撑，也印证了该研究主题的现实意义。我国经济社会的发展必然会导致人口迁移，主要是农村剩余劳动力向城市迁移；而迁移到城市的农民工群体，要完全地实现社会融合首先最可能实现的群体即新生代农民工群体；只有当这部分剩余劳动力分期分批地完全实现了社会融合，最终才会实现城乡真正融合。

二、人力资本迁移理论

人力资本理论最早由斯加斯塔（Sjaastad，1962）和贝克尔（Becker，1975）提出。所谓人力资本即指人后天获得的具有经济价值的知识、技能、健康等因素之和，人力资本是依附于人体而存在的。为了获得人力资本，人们必须付出一定的成本，包括直接成本、因接受教育和培训而损失的机会成本以及为了转移到较好的环境中所花费的各种费用。这些付出的成本统称为人力资本投资。人力资本投资越多，其存量就越大，可以获得的经济价值也就越大，这一点与物质资本的投资相似。要做出一项人力资本投资决策，就必须比较该投资的成本与收益。

从这个意义上来讲，农民工向城市的迁移也可以看作是农民工的人力资本投资。舒尔茨（Schultz，1962）认为人们的迁移行为是根据迁移的成本和收益比较而做出的经济收益最大化的决策，而迁移的成本就包括了货币成本（交通费、住宿费、食品支出等，还有因迁移而暂时失业所导致的机会成本）和非货币成本（时间、精力、心理成本等），迁移的收益就包括了货币收入（迁移后就业收入的增加）和非货币收入（生活环境的改善、个人心理的满足）。若迁移的收益大于迁移成本，则迁移就会发生。这一理论的突出特点表现为将人的心理影响纳入经济学的收入—成本分析中，更能贴近现实。

后来，学者们在此基础上进一步发展了人力资本的迁移理论，认为迁移是人力资本的函数：第一，在完全竞争的劳动力市场上，劳动者的工资率与其自身的人力资本正相关，此外，人力资本状况还决定着其就业的可能性高低。第二，年龄小的劳动力比年龄大的劳动力更可能发生迁移（年龄小意味着迁移后的高收入流能持续更长的时间，故迁移的预期收益的增加使得迁移的可能性增加），文化程度高的劳动力比文化程度低的劳动力更可能发生迁移（文化程度高的在流入地更易找到比以前收入更高的工作，否则工资差别不大就不会导致迁移）。第三，迁移的地理距离和成本越大则越不可能发生迁移，因为这意味着预期收益的减少。第四，原居住地的发展状况越好则越不会出现迁移现象。因为原居住地的收入预期越高，则迁移发生的机会成本就越大，迁移的净收益就越小。

由此可见，年龄较小的、受教育程度高的、掌握技能较多的农村剩余劳动力，因为其人力资本相对雄厚，总是最先迁移的，因此，新生代农民工相对于老一代农民工而言，迁移动机更强、更能适应城市生活、更易实现社会融合。

三、二元劳动力市场理论

二元劳动力市场理论即按照劳动力市场上的工资福利、环境条件、升迁机制等的不同，将劳动力市场分割为首属劳动力市场和次级劳动力市场，这两种劳动力市场上的劳动力供求关系是不一样的，另外在就业的行业、职业的层次等方面也是不一样的。一般而言，首属劳动力市场对劳动力的知识、技能等要求较高，这样使其具有了排他性；而次级劳动力市场则对劳动力的人力资本要求相对较低，该市场是开放的、竞争的，工资水平由市场的供求关系决定。李玲（2005）指出发展中国家和地区的次级劳动力市场上的就业主体是乡—城迁移人口；在中国，这一群体即我们所说的"农民工"。

农民工多在次级劳动力市场上就业主要是因为城乡分割的户籍制度以及农村低下的教育水平。农民工大多既不能取得城市户口，也没有高学历文凭，除了个别人"跳出农门"跻身于首属劳动力市场外，大多数农民工只能在次级劳动力市场上寻求生存。特别是目前，教育经历作为一种人才的筛选机制越来越得到重视和广泛应用，这样，文化程度低的农民工进入首属劳动力市场的可能性非常小。当然，次级劳动力市场还是有它存在的合理性，首先是农民工自身在次级劳动力市场得到了就业机会，还能锻炼自身的能力；另外次级劳动力市场对一些地区的发展来讲是不可或缺、功不可没的。例如，我国的珠三角地区——特殊的制造业基地，进一步强化的二元劳动力市场的分割，这里的次级劳动力市场为其第二、第三产业的发展提供了充足的、低成本的劳动力，满足了珠三角的工业化进程需要，为其工业化的实现做出了不可磨灭的贡献。但同时，珠三角也是农民工问题最突出的地区。

林格和鲍尔（Doeringer and Piore，1971）从不同的视角解释了首属和次级劳动力市场上的供求关系，认为之所以会出现二元劳动力市场是由城市经济本身的二元结构及其内生的劳动力需求决定的。一般而言，本地居民多在首属劳动力市场上就业，次级劳动力市场对他们没有吸引力，这样，次级劳动力市场就需要吸引外来劳动力的补充，由此产生了农民工的城市迁移动机。造成这种现象的原因大致有以下几个方面：一是身份和地位的影响。本地居民不仅追求高工资，而且注重名声和社会地位，因此，他们不愿意在次级劳动力市场上就业，只好由农民工来从事城市里的脏、累、苦、险的活。二是城市经济本身的二元性。城市中的首属劳动力市场多是技术密集型的行业，这就要求员工具有一定的人力资本的积累，就业要稳定，而次级劳动力市场对人力资本的要求低，不要求有很强的就业稳定性，因此，农民工多进入了次级劳动力市场，而本地居民则在首属劳动力市场。三是劳动力供给结构问题。城市经济的发展使得首属劳动力市场和次级劳动力市场都需要补充新的劳动力，这样，原来在次级劳动力市场上就业的本地居民更易转到首属劳动力市场，而次级劳动力市场则需要更多的农民工来补充劳动力。

综上所述，二元劳动力市场理论说明我国城市经济对劳动力的需求结构是有明显差异的，农民工由于自身人力资本的差异及户籍等制度原因大多只能停留在次级劳动力市场，因此，农民工的工资福利待遇等要比本地居民差。

第二节　社会融合的相关理论

如前所述，从社会学的视角出发，农民工的流动被看作是一种社会流动和社会结构的变化，而这种变化会影响农民工个体的经济社会行为和社会资本。当前社会融合理论建构还缺乏一贯性。社会融合理论起源于西方，其中，影响最大且一直广泛流传的两种理论是同化论和多元论。除这两种相互对立的理论外，本书还介绍分立型融合理论以及与之紧密相关的社会关系网络理论。这些理论虽然不是发源于我国，且我国的实际情况与西方发达国家也有很大差异，但是，人口的流动，特别是乡—城流动人口普遍处于弱势地位，这一共性决定了这些外来的理论对我国新生代农民工的社会融合具有重要的借鉴作用。

一、同化论

同化论是最早的社会学研究范式，在 20 世纪 20 年代由芝加哥大学的社会学派罗伯特·帕克（R. E. Park）正式提出（波普诺，1999）。帕克将社会融合定义为"个体或群体互相渗透、相互融合的过程"，"弱势群体不断放弃自己的原有文化和行为模式，以逐渐地适应主流社会的文化和行为，最终获得与主流社会一样的机会和权利"，在这个过程中，"各方通过共享历史和经验，均能获得他方的记忆、态度、情感等，最终都整合于一个共同的文化生活中"，并且这个过程一旦发生，就会一直持续下去。可见，罗伯特·帕克等认为社会整合最终都表现为文化的融合，但在达到文化融合前要经历经济的融合、政治的融合、社会的调节等。

在"同化论"正式提出之前，其别称为"熔炉论"，这两个称呼几乎可以等同，且早在 18 世纪就被用于美国的国际移民研究领域，主要是研究来到美国的欧洲新移民如何进入并适应新的环境。"同化论"的具体含义为外来的移民要学习、适应并最终接受流入地的生活方式、人情世故、制度惯例、价值观，等等，最后完全放弃自己原有的文化传统，相当于是进了一个"大熔炉"，在"修炼"的过程中自己原先的特征都逐步消失了。"同化论"中比较有代表性的观点有四个（波普诺，1999）：一是法国裔的美国学者克雷夫科尔（H. S. Crevecoeur）的"熔炉论"，他认为美国已经并将继续把来自不同民族的个体融为一种新的人种，即美国人；二是特纳（F. J. Turner）的"边疆熔炉论"，意即各外来移民必将随着美国西部边疆的开发而被逐渐同化为美国人；三是肯尼迪（R. Kennedy）的"三重熔炉论"，意即外来移民在美国会被三大熔炉所熔化，三大熔炉即新教、天主教、犹太教；四是斯图尔特（G. R. Stuart）的"变形炉论"，外来移民的文化在美国这座大熔炉面前都将会变形。可见，同化论主要被应用在国际移民的研究中，认为国际移民在流入国一般要经历定居、适应和同化三个阶段，且任何来源的外来移民最终一定会被同化为同一模式，即"美国人"模式。

1964 年戈登（Gordon）根据同化论提炼出 7 个维度来测量人群的社会融合程度，即文化的互动、结构的同一、通婚率、族群认同程度、价值和权力冲突、偏见与歧视（Gordon，1964）。Gordon 还认为这 7 个维度可以分为两大类：文化方面与结构方面。他还进一步指出，结构方面的融合一旦发生，其他形式的社会融合也会随之发生；但反过来并不成立，文化方面的融合不一定会导致其他形式的融合发生，不过值得注意的是，也只有文化融合阶段可以无限期地持续，其他形式的融合只是阶段性的。

1985 年，美国著名人口学家马赛（Massey）和穆兰（Mullan）通过对不列颠诸岛、挪威、葡萄牙和意大利等国的移民研究，又发展出了"空间同化"的概念（Massey and Mullan，1985）。所谓"空间同化"，即从居住空间的角度，认为外来移民与本地居民的生活空间越接近，则越有利于这两个人群的社会融合。这一理论为移民的融合研究提供了独特的视角和具体的解决方案。

由此可见，同化论强调"先破后立"，即强调外来移民首先要抛弃自己原有的传统和习惯，然后完全接纳流入地的文化。然而，同化论在发展的过程中，也遇到了来自各方的抨击。第一，按照卡伦（Kallen，1956）的观点，他认为个人和群体的关系，特别是与所属的族群之间的关系，取决于血缘关系、家庭关系以及祖先关系，而这种关系是不可改变的。这样，外来移民在原居住地形成的各种关系是不能被完全抛弃的。第二，魏万青（2008）提出在现实生活中，农民工所遭受的社会排斥处处可见，农民工与当地市民之间的矛盾与冲突也是比比皆是，在这种情况下，认为农民工完全抛弃了自己原来的行为模式和思想观念是不现实的。第三，外来移民虽然有可能是主动地抛弃原有文化特征，但"完全的抛弃"与"完全的接纳"都表明了弱势群体一方对强势群体一方的被迫接受，这种无奈之下不公平不对等的交往互动也遭到了很多人的反感和批评。第四，随着美国社会的文化多元和种族多元特征越来越明显，同化论也越来越不能解释现实，因此一些学者和政治活动家开始质疑同化论。另外，现实中还存在一些同化论无法解释的现象，例如，在美国并不是不分种族不分社会背景的所有外来移民，在经过了足够长时间的调整后最终全部都能融入美国的主流社会；并非所有的外来移民都将美国的中产阶级看作是最终标杆；社会融合受多种因素的综合影响，并不仅仅是时间的函数。

在种种质疑与批评声中，多元论应运而生。

二、多元论

在对同化论的一片责难声中，最早由犹太裔美国学者卡伦（Kallen，1956）提出了多元论。该理论认为，一味地强调弱势群体抛弃原本的传统文化而接纳单一的美国文化，则美国文化会逐渐陷入死板，失去活力，美国的文化应该是丰富多彩的，美国社会应该是多民族、多文化、多语言的，只有这样，才符合美国独立宣言中的"人人生而平等"的思想。因此，多元论承认差别，不主张牺牲任何一方的文化传统，强调不同个体的平等地位，强调各方主体的平等互动，容许具有不同的个人特征、行为特征、心理特征，总之，多元论强调各方主体的平等参与权，强调双向的互动。

多元论于 20 世纪 40 年代开始在美国广泛传播，并逐步流传到加拿大、澳大利亚等国家。原因主要在于，这些国家在经历了第二次世界大战后，为了重振本国经济，同时迫于国际舆论压力，开始允许欧洲的难民和移民进入本国生产和生活，这样，使得过去一直绞尽脑汁想要维持的单一种族迅速发展为多民族结构，本地居民的比重在迅速下降。这一实践为多元论的理论发展提供了实证依据。由此可见，同化论也好，多元论也好，最开始都是出于政治目标而被发展和应用的。多元论被应用于打破以白种人文化为核心的种族歧视。

但是，到了 20 世纪的中后期，多元论的应用逐渐从政治领域延伸到国际移民领域，认为流入国只要具有足够大的包容性，国际移民就会在维持原有的文化传统的同时，在流入国重新建立社会关系网和价值认同。值得一提的是，霍斯和金（Hurh and Kim，1984）、周敏和林闽钢（2004）在研究国际移民的融合问题时较好地应用了多元论。霍斯和金（Hurh and Kim，1984）研究了移民美国的韩国人，认为一些人来到美国后社会地位较高，但他们在很多方面都没有融入美国社会，因此提出了"非零和融合"，称其在某些方面适应美国却在其他方面保留本民族特色的做法叫"执著性适应"。周敏和林闽钢（2004）研究了在美国的华人，也发现了那些人力资本较强、社会地位较高的华人在某些方面并没有完全地被美国人所同化，如聚居的习惯。国际移民的成功与否关键在于移民与流入国的相互融合与适应，促进其在流入国的社会融合既有利于移民本身也有利于流入国的稳定和发展，但前提是平等，是禁止任何歧视。

多元论虽然解释了一些同化论所不能解释的现象，但到 20 世纪 90 年代也遭到了抨击。抨击的理由主要有以下几个方面：一是多元论认同各民族保留自己传统习俗的做法，但是，事实是传统也一直处于变化之中，任何国家与民族的文化传统都不是一成不变的，如果不能与时俱进，不能适应经济社会发展的步伐，则这样的文化传统终将成为一潭"死水"；从这个意义上说，并非任何文化传统都是先进的和科学的，如果一种落后的文化传统被死守不放，则其实质是屈从于落后和伪科学，从而有悖于真正的科学精神。二是无论是同化论，还是多元论，其实均纠结于文化传统的相同和异同，然而，移民的社会融合远不是文化一个方面的内容所能概括的，社会融合是一个多维的、复杂的概念。三是多元论提出维护外来移民的传统文化，这样的维护与坚守实质是一种种族歧视的凝固化与合法化，因为个体的民族属性是与生俱来的，所谓"江山易改，本性难移"。因此，无论各界如何标榜"维护移民弱势群体的权利"，外来移民与本国居民始终会隔着不可跨越的鸿沟，这样只会造成更严重的种族对立。

三、分立型融合理论

由前文分析可知，同化论与多元论均受到了不同程度的批判，两者均不能完全解释美国当前外来移民的社会融合现实。根据美国的社会融合现实可以将外来移民划分为三类：第一类，拥有丰富的人力资本和社会资本的移民。这类移民大多拥有较雄厚的人力资本积累，或是在流入国有较强的社会网络资本，被当地文化刮目相看，因而可以较快地融入主流社会，进一步来说，父辈的顺利融入能够为其后代提供更好的教育机会，这样，其实是间接促进了其后代在流入国的社会融合过程。第二类，资源贫乏型移民。他们融合于城市贫困文化，这类移民拥有的人力资本和社会资源很少，从而影响到其稳定的就业和体面的收入，最终只能融入城市的贫困文化。当父辈的生活艰难时自然就不能为其后代提供好的教育机会，同样的道理，其后代地融入就不像第一类移民那么顺利，甚至会出现倒退的现象，其后代无法也根本不愿意去追求被主流社会所接纳，因为这些移民后代很可能由于其父辈的境况不佳而从小就被放任于贫困文化和犯罪环境中。第三类，选择型移民。这些移民会有意识地在对其后代的教育中有所鼓励，也有所限制。例如，他们会为其后代选择好的教育环境，但却限制后代认同美国青少年文化，同时还会鼓励他们坚持自己民族的传统文化。

在这种背景下，为了补充和发展前两种理论，波茨和周敏（Portes and Zhou，1993）提出了分立型融合理论[①]。他们通过研究美国外来移民的子女发现，这些后代们的融合模式无法从他们的父辈那里找到经验可循，也即这些移民后代的社会融合路径不同于他们的父辈，且后代们的融合路径也出现了分化。主要是因为移民后代所处的角色和地位已经与他们的父辈们不同了，另外移民的目的、生活经历也不同，所以移民后代们在流入国的行为适应、身份认

---

① 也有学者将其译为区隔型融合理论、分离型融合理论。

同和文化融合的路径和机制都与其父辈们有很大差别。移民后代内部也出现了
分化，主要表现在一些人只是有选择地在某些方面融入；一些人力资本或社会
资本较强的，融入美国主流社会；而还有一些人由于条件所限融入了城市贫困
文化。而且不同地区的外来移民融入状况不一，一些地区的社会公共政策对外
来移民没有歧视性，且当地人没有表现出反感和敌意，那么，这些地区的外来
移民社会融合状况就较好。

分立型融合理论的产生背景与研究对象都与我国的新生代农民工城市融合
问题有很多共通之处。在我国，老一代农民工与新生代农民工在成长背景、进
入城市的目的、个体特征、行为模式、价值观念等方面都有了很大的不同，所
以新生代农民工的社会融合路径不会遵循他们父辈的轨迹；另外，新生代农民
工内部也存在分层现象，掌握较多知识和技能的能够很好地适应流入地城市的
生活；而那些没有技术只靠体力劳动谋生的则多从事苦、脏、累、险、毒的工
作，且多集中居住在贫民聚集区，只能融入城市贫困文化；还有一些新生代农
民工则会选择性地融入城市，例如，他们可以跟同事友好的相处共事，但会坚
持他们自己的方式，休闲日也会选择与城市居民不同的休闲娱乐方式。但分立
型融合理论的研究对象是针对外来移民的后代，而新生代农民工是比该对象范
围更加广泛的一个群体，既包括了农民工的在城市生育的后代，也包括那些从
农村新近进入城市的农民工。

应该说，同化论、多元论和分立型融合理论，各有所长，相互补充。从产
生的时间方面来看，这三个理论是依次出现的，恰好说明三者是源于不同时空
的宏观历史背景，各自能较好地解释各自所处时空的外来移民融合现状、过程
及结果。

具体到我国新生代农民工的城市融合问题，以上三种理论都能解释部分
现象，但任何一种理论无法单独解释全部现象。比较而言，同化论是最贴近
现实的。由于我国长期的城乡分治和优先发展城市的策略，使得城市的经济
社会发展要远远好于农村，城市的生活质量、生活方式都要优于农村，农
村、农民和农民工的弱势地位不是短时间内就能消除的。因此，一方面，当
新生代农民工到城市之前，通过接触到的各方面关于城市的信息就已经产生
了对城市生活的向往；另一方面，他们来到城市之后，则会主动积极地从各
个方面提升自己，努力模仿城市主流群体的行为方式；值得一提的是，新生
代农民工来到城市之后，在很多方面也是在被动地改变自己以适应城市生
活，因为作为弱势群体，在某些领域内不得不服从已有的制度安排。当然，

本书虽赞同"同化论",但也并不是说,新生代农民工来到城市后完全不存在与本地居民的互动,随着交往的增多本地居民也会逐渐改变对新生代农民工的看法,但主流的生活方式还是以城市居民为主;另外,本书也并不认同"同化论"所强调的"完全同质化"论调,在主流的、先进的生产生活方式等方面可以实现完全的同质化,但在私人的领域如世代相传的传统习俗并不一定会完全抛弃。综上所述,本书所认同的关于新生代农民工城市融合的理论是修正过的"同化论"。

四、社会网络与社会融合

(一)社会网络理论

社会融合研究的一个新理论趋向就是对社会网络分析方法的应用,这种方法的引入为社会融合的研究提供了一种独特的视角。

所谓社会网络,即人们在社会交往互动过程中,所形成的个体与个体之间、个体与组织之间、组织与组织之间关系的总和。这些关系可以是正式的,也可以是非正式的,人们可以利用这些关系给自己带来一些社会资源。由于社会网络对个体的行为、态度、价值观等的形成、引导、维持和发展有着非常重要的影响,而社会融合正是对外来移民与本地居民的行为、态度、价值观的研究,因此,社会网络对于社会融合的研究具有重要作用。

社会网络理论发展出了两种理论假设:"强关系力量"假设和"弱关系力量"假设。强关系一般是指血缘关系和老乡关系,弱关系一般包括工作关系、普通朋友关系等。"强关系力量"假设认为弱关系的力量不可忽视,强关系虽然可以维持组织结构的稳定,但弱关系却可以在不同层次的群体或组织之间建立起纽带,起到意想不到的信息桥梁的作用,在某些关键的时刻弱关系比强关系更有用。而边燕杰(Bian,1997)对中国就业市场上的就业搜寻进行研究,发现中国人更注重关系,特别是强关系在工作搜寻的过程中往往能发挥更重要的作用,而弱关系则一般不会对找到一份好工作有太大作用。

社会网络分析方法以网络中个体的行为及其关系为分析起点,进而研究整个网络的结构以及该网络结构对个体行为的影响。因此,应用社会网络分析方法就相当于架起了一座桥梁,既可以研究个人的理性与社会制约之间的互动,也可以研究个体的微观行为与社会的宏观现象。社会融合的程度可以通过外来移民社会互动关系的对象、数目和亲密程度来表示。

（二）迁移网络与累积效应理论

所谓迁移网络，其实就是一种信息网络，是迁移者与他周围的人群出于血缘关系、领导关系或老乡关系而在流出地与流入地之间建立的。具体到新生代农民工的迁移网络，即新生代农民工与农村老家、与先到城市打工的老乡或同学之间建立起来的信息联盟。这样，还未迁移的新生代农民工可以通过这个网络来打探城市的生活信息和就业信息，了解在城市找工作的难易程度和捷径窍门所在，一旦这个新生代农民工成功地进入城市打工，他本身又会变成这个迁移网络的一个结点，为其他还未迁移的农民提供信息。由此往复，一批又一批的农民工，不断积累经验与信息，不断扩大迁移网络，使后来的迁移者更容易迁入城市。此时，迁移网络可以看作是一种社会资本，网络的积累与扩展降低了农民工进入城市的成本和风险，进而增加了农民工社会融合的可能性；除了影响农民工个体之外，同时也会影响流出地农村和流入地城市的发展。由此来看，这种迁移网络一旦形成，就像"滚雪球"一样越滚越大，且很难停止下来，移民成为移民的理由，这就产生了"累积效用"，也正因如此，政府想要控制移民的速度和规模就很难；此外，还可以推论出迁移主要是因为迁移网络的影响，至于"推"动力因素和"拉"动力因素①并不是主要原因。

特别是在发展中国家，劳动力市场还不健全，信息的发布与接收之间还有很多障碍，这些使得农民工单靠社会公开发布的信息很难顺利就业。因此，在我国，农民工进入城市在很大程度上依赖迁移网络，而且，为了在迁移网络中获得更多的信息，个体都愿意贡献自己所掌握的信息。

第三节　基本公共服务均等化理论

实现基本公共服务均等化是政府的基本责任，是公民的基本权利，是人类文明的表现。第一章中关于基本公共服务均等化的文献综述中已经提到"基本上享受不到城市政府提供的公共服务"已成为农民工流向城市并融入城市

---

① "推拉理论"最早由唐纳德·博格（D. J. Bogue，1959）提出。该理论分析了人口流动的动因，假设人口可以自由流动，则人口流动与否主要取决于"推"动力与"拉"动力的大小决定。"推"动力因素主要包括流出地糟糕的生活状况。"拉"动力因素主要包括流入地更好的生活条件和更高的社会地位。

的主要障碍，农民工融入城市的目标是逐步获得与城镇居民接近和水平相当的生活质量，而公共服务差距与生活质量之间存在因果关系（陈昌盛和蔡耀州，2007），基本公共服务均等化是解决农民工社会融合问题的基本原则、普遍标准和行动框架（陈昌盛和蔡耀州，2007；中国（海南）改革发展研究院，2008）。因此，本书在解决新生代农民工城市融合问题时选取的视角即基本公共服务均等化。

一、基本公共服务均等化的理论来源

（一）正义理论

公平与正义历来是政治经济和法律领域中最为重要的价值取向，是人类永恒的价值追求。按照我国古代儒家的"仁义"观念，如果每个人都能安分守己、尽职尽责，也就做到了"仁"，按现在的观念叫"正义"，其最终目的是实现社会和谐。而在西方是古希腊柏拉图首次提出比较完整的正义理论，他首先将正义看作是社会和谐的表现（江明融，2006）。社会公平和正义是一种理想的社会关系，而判断一种制度的好坏依据即是这种制度是否有利于社会公平与正义的实现。因此，基本公共服务均等化是我国政府公共政策的基本内容，是政府实现分配正义、促进社会和谐发展的重要途径，要让正义成为社会主义制度的首要价值。从这个角度出发，基本公共服务均等化是社会发展的必然要求，是农民工在城市生活融洽、社会和谐的必然要求。

（二）公共产品理论

基本公共服务属于公共产品中的一种，具有非排他性和非竞争性，也即个体在消费该产品时不能排除其他人同时享用，或者排除的成本很高；某个体在消费该产品的时候，并不影响其他人消费该产品的效用。这样，基本公共服务都会具有很强的外部性。然而，市场机制所决定的公共产品供给量会远小于帕累托最优状态，因此，纯粹的市场机制肯定会导致公共产品的供给失灵。成本的承担者与利益的获得者并不对称，既然一人购买，其他人也可以享用，则理性经济人不会自愿、主动购买，都会倾向于将成本转嫁给他人或社会。最终，集体行为不理性直接产生"公地的悲剧"。既然市场机制在提供公共物品方面是失灵的，政府的介入就成为必要。因此，实现基本公共服务均等化是政府的基本责任，是每个公民的基本权利。

（三） 福利经济学基础

福利经济学是基本公共服务均等化的重要理论基础，随着福利经济学的不断发展与完善，基本公共服务均等化理论也在不断完善。

1. 庇古的福利经济学思想。按照庇古的思想，福利即效用，人们总是追求福利最大化，而社会福利的增加取决于两个条件：第一，国民收入总额越大，社会福利越大；第二，国民收入分配的越均等，社会福利就越大。该理论奠定了基本公共服务均等化理论的基础：一是国民收入通过公共服务的中介作用，使得社会福利增大。因为国民收入越多，公共财政越有能力来满足社会公众的共同的和最紧迫的需求，个体所获得的效用也就增加了，社会福利自然增加。二是公共服务越是均等化，特别是基本公共服务，表明社会分配的越均等，社会福利也就越大。国民收入的分配不是一次完成的，基本公共服务均等化属于再次分配，那么社会的弱势群体通过基本公共服务的均等化可以获得更大的效用，从而增加了全社会的总福利。

2. 补偿原则。旧福利经济学提出的帕累托最优原则过于严苛，在现实经济社会中，很少存在"任何人的处境都不变坏"的情形，随着经济社会的多元化，任何一项政策的出台不可能照顾到所有群体的利益。更进一步来看，即使真的存在这样一种最优政策，全体社会成员的利益都不会变坏，穷人的境况变好了，富人的境况也变好了，但如果富人的境况改变幅度比穷人的更大，该政策的实质是进一步地破坏了社会公平与正义，损毁了社会和谐的基础。补偿原则的提出正好弥补了帕累托最优原则的这一缺陷，它允许一部分人的境况变差，但全体社会福利不会变得更差。

我国正处于向高收入国家迈进的阶段，发展中的矛盾与问题在这几年集中显现出来了，而基本公共服务均等化正是利用了补偿原则，让社会弱势群体也能拥有基本的生存权和发展权，也能享受到经济社会发展的成果。政府利用公共财政向贫穷地区和贫穷群体倾斜，从而更加公正地进行社会财富的再次分配，这样贫穷地区和贫穷群体获得的效用增量是大于富裕地区和富裕群体的效用减量的。

3. 社会福利函数理论。随着新福利经济学的发展，部分学者对补偿原则也提出了质疑，到底贫穷地区和贫穷群体获得的效用增量和富裕地区和富裕群体的效用减量如何安排才是合理的？预测的难度很大。于是，伯格森、萨娜尔森、阿罗等人构造了社会福利函数，将影响社会福利的各种因素作为自变量，将社会福利作为因变量，也能同时兼顾公平与效率。后来，阿罗又证明了该社会福利函数是不存在的，但是构造该函数的理念仍可以应用于基本公共服务均等化理论。一方面，该函数的自变量包含了所有影响全体社会福利的因素，政府可以权衡各个影响因素的权重大小，从而制定出相对合理的基本公共服务均等化政策；另一方面，该函数的自变量之间存在相互影响，对于不同的个体，其函数形式是不同的，也即不同的人有不同的效用偏好，不同的个体有不同的基本公共服务需求。因此，基本公共服务均等化并不是从结果上显现出来的数量的完全相等，而是相对的、合理的均等。

4. "能力"中心观。"能力"中心观是阿马蒂亚·森于 1998 年提出来的，该观点是针对效用指标的不足而提出的（葛四友，2008）。旧福利经济学认为福利即效用，效用来自于商品；但阿马蒂亚·森却认为效用来源于商品背后的生产与创造活动，而这种生产与创造活动则基于个人的人力资本状况。总而言之，要提高全社会的福利水平，只有通过提高全体社会成员的人力资本来实现。而基本公共服务均等化正是出于维护全体社会成员机会和起点的公平而提出的，强调每个公民的基本生存权和发展权，特别是其中基本的健康与教育公共服务，这两者是提高全体社会成员人力资本的基础。也正是基于此种观点，基本公共服务均等化成为政府的基本职责，要从长远出发来提高全体社会成员的人力资本，从而提高社会福利总量。

二、基本公共服务均等化的几种均等观

基本公共服务的"均等化"程度与合理性，是个复杂的问题。有学者认为这个"均等"主要包括机会均等或起点公平以及结果公平；也有学者认为均等还必须考虑个体的不同偏好，要考虑个人的选择权；也有学者认为这个"均等"是人们的生存和发展最基本的条件均等，是一种生存底线的平等，应满足最基本的需求。按照我国目前经济社会发展阶段和财政的实力，公共服务中最先实现均等的应该是基本公共服务，而"均等"也应侧重于结果的均等和起点的均等，这与国家发展改革委宏观经济研究院课题组（2008）的观点是一致的。表 2-1 总结了当前学术界对基本公共服务"均等化"的理解及价值观取向。

表 2-1　　　　　　　　　　不同的基本公共服务"均等观"

平等的侧重点	关键点	内涵	可能的消极影响
结果平等（安体富和任强，2007）	公民的处境或结果相等	向公民提供并保证每个个体最后实际享受到的基本公共服务的内容与标准都相同	可能导致平均主义和相同化，这与多样化和多层次的个体需求不符
起点或机会平等（安体富和任强，2007）	赋予公民相等的条件、权利和机会，而不是实际结果的相等	向弱势群体和地区提供的基本公共服务应予倾斜，以消除当前差距；或赋予并保证公民都有平等地享有基本公共服务的权利，并提供条件与机会	实际的结果可能会不相同，甚至差异很大，因为在起点与结果之间有太多的不确定性
能力平等（项继权和袁方成，2008）	公民按照能力的不同可以获得不同的待遇，"按劳分配"就是能力平等的一种体现	由于能力不同，公民可以享受的基本公共服务水平可以不同	承认并进一步扩大现实生活中基本公共服务享受结果的不平等
需求平等（常修泽，2007）	公民个体的需求不同，但不同的需求可获得相同的效用满足，"按需分配"就是需求平等的一种体现	因人而异，因需而予，根据不同的个体需求而提供不同的基本公共服务	个体的需求无限多，且处于动态变化中，这些使得需求平等难以操作，也很有可能进一步扩大结果的不平等

　　资料来源：李梅香、王永乐：《基本公共服务均等化研究述评》，《绍兴文理学院学报》2009 年第 6 期，第 85 页。

第三章 国内外关于农村移民城市融合的实践

"移民"的定义很宽泛，一般是指人口的跨地域流动，按照地域范围的大小，可以将移民分为国际移民（即跨越国界的移民）和国内移民（即在一个国家之内的不同地区间迁移）。移民与流动人口既有联系又有区别。在我国，"流动人口"这个称呼用的更频繁一些，且多与农民工群体相对应。流动人口一般是指户口没有经过官方变更却自主从一个地方流动到另一个地方的人口，因此，流动人口就包括了农民从农村流动到城市但户口仍在农村的情况（也即所谓的"农民工"），也包括了一个城镇的居民流动到另一个城镇但户口却未在新流入地登记的情况。从这个意义上来理解，则"移民"的概念涵盖了"流动人口"的概念，而"流动人口"的概念则涵盖了"农民工"的概念；从中文的语境上来理解，"移民"重在迁移后的稳定性，而"流动人口"侧重不确定性，即有继续流动的可能。

从人力资源的角度来看，人口的流动可以促进人力资本的优化配置；从社会学的角度来看，人口的流动会带来整个社会结构的变迁；从发展经济学的角度来看，城市化是一国经济发展的必经阶段，农村人口向城镇流动并最终定居是一个趋势，特别是在我国这样的发展中国家，城市化水平还远没有达到发达国家的水平。

本章首先介绍三个典型国家的农村移民进入城市的背景以及当地政府采取的促进融合措施与手段；其次介绍了我国农民进城的历史演进以及国家相应的政策；再次介绍我国三个典型城市的农民进城状况及政府应对措施；最后吸取国外促进农村移民融入城市的成功之道，总结我国部分城市的实践经验，以期在未来一段时间对我国新生代农民工城市融合提供有益的借鉴。

第一节　典型国家的城市化与农村移民的城市融合

城市化是每个国家在经济发展过程中都必须要经历的，而且这个过程是伴随着工业化和经济增长而进行的。因此，不同国家的经济发达程度以及所处的工业化阶段不同，城市化进程也有快慢之分，所处的城市化阶段也不同。一般而言，发达国家的工业化起步较早，城市化水平也较高；而发展中国家多处于城市化的关键时期。本节主要选取三个有代表性的国家：瑞典，地处欧洲，是欧盟的代表，经济发达；澳大利亚，地处大洋洲，是亚太经合组织成员，兼顾社会福利与经济发展的典型；印度，地处亚洲，是发展中国家的代表，其城市化水平还很落后。

一、瑞典

瑞典地处北欧，是欧盟成员国，同时也是经济合作与发展组织（OECD）成员国。瑞典国土约 45 万平方公里，是欧洲第五大国。瑞典的全国人口普查显示 2006 年总人口约 911 万人，可见，瑞典是典型的"地广人少"，人口密度约为 21 人／平方公里，该特点与我国明显不同①。另外，瑞典的人口分布特点却与我国类似②，有约一半以上的人口集中居住在 3% 的国土之上，其中80% 都集中在南部的大城市（梁光严，2007）。

（一）瑞典的城市化历程

瑞典的城市化历程可以从这个国家的城乡人口分布变化、经济发展、产业结构和就业结构的变化等方面来说明。

1. 第一阶段。始于瑞典资本主义经济关系初步建立时期，1827 年瑞典完成了农村土地改革，即通过圈地运动③以及合并小地块而开办大资本主义性质的农场。伴随着这个过程出现的是，大批丧失土地的农民无处可去，城市的工业发展还未起步，还不具备吸收农村过剩劳动力的能力。到了 19 世纪中叶，

---

① 我国土面积约 960 万平方公里，但总人口接近 14 亿人。故人口密度约合 146 人／平方公里。

② 我国人口分布总体来说是东南多，西北少。东南部占国土面积的 43%，但人口却占全国人口的 94% 左右。相比之下，瑞典的人口集中度更高。

③ 瑞典的圈地运动与很多欧洲国家的剥削历史相似，例如，英国的人口城市化就是从"羊吃人"的圈地运动开始的，彻底清除了封建制度的残留，开始了资本主义制度。

农业人口还占到总人口的 75% 以上；1860 年，农业劳动者占总人口的 72.4%
（安德生，1972）。

2. 第二阶段。始于 19 世纪中叶，瑞典的工业开始迅猛发展，瑞典逐步实
现了从农业社会向工业社会的过渡。工业化带动了整个瑞典经济的发展，其人
口结构在发生迅速变化。在土地改革中失去土地的农民，一部分来到城市成为
产业工人，一部分留在农村成为农业工人，还有一部分则移居国外。1910 年，
瑞典的工业劳动者占比达到 32%，而农业劳动者的比例则降为 49%（丁建定，
2004）。

然而，工业化与城市化进程中，瑞典的社会问题也逐渐暴露。大量的农民
从农村来到城镇，造成了城镇的住房、就业、交通与治安恶化，这些从农村来
到城镇的移民就业环境差、工资低、劳动时间长，以上都会导致城市内部的两
极分化加速。就业的流动性也越来越大，家庭结构和家庭的稳定性都受到了影
响。客观地来说，这些问题是如今我国的城市化进程中同样面临的，只是时间
上比瑞典晚了几十年。

3. 第三阶段。第二次世界大战阻碍了瑞典经济发展势头，为了保持平稳
较快增长，瑞典调整了其工业结构，就业结构也就随之改变。农业劳动者的比
例进一步下降，工业劳动者特别是商业劳动者的比例则大幅上升。到 1940 年，
瑞典城镇人口上升到 37.4%。第二次世界大战结束后，瑞典经济发展加速了，
产业结构在继续演变中。1970 年，瑞典农业劳动者直降到 8% 左右，而工业劳
动者占比上升到 40% 左右，服务业劳动者的占比上升是最迅猛的，由 20 世纪
初的 6% 上升到 30% 左右（丁建定，2004）。农业劳动者比例下降的另一个原
因是，由于科技的发展，农业生产率得到了大幅的提高，受雇的农业工人急剧
减少，他们都涌入了城市的第二产业和第三产业。

（二）瑞典顺利城市化的保证——城市融合的措施

瑞典之所以能够这么顺利地完成城市化，使城市化过程中产生的贫困、失
业、住房、治安等问题不至于被激化，并最终让失去土地的农民在城市定居下
来，这些都得益于瑞典政府实施的城市融合措施。

1. 注重收入均等化。众所周知，瑞典是典型的福利国家，但实行的是资
本主义私有制，这两者其实并不冲突，瑞典成功实现了"混合经济体制"，即
坚持资本私有的同时，强调市场经济，同时并不放松政府调控和经济民主。瑞
典政府通过强有力的宏观调控，修正市场力量，调节劳动力资源，重新分配财

富，并为每个人提供公共产品。瑞典政府征收高额的累进税，也即相当一部分国民财富集中在政府手里。然后政府再通过公共部门将这些财富投资于社会福利和社会公共服务事业，其实质是实现了收入再分配，使收入进一步地均等化。另外，政府还通过转移支付手段来使社会各阶级、各集团之间的收入水平与消费水平最终趋向于均等化。

2. 注重社会保障体系的建立与完善。瑞典首部社会保障立法始于 1890年，整个 20 世纪是瑞典社会保障事业发展的黄金时期，特别是中叶以后，针对各种风险的各项立法陆续出台，各种补助津贴也陆续健全。1984 年，社会保险的费用收缴正式由国家社会保险部门移交到国家税务部门，1999 年养老金体系改革，2001 年社会保险覆盖所有在瑞典生活和工作的人（丁建定，2004）。

瑞典的社会保障体系大多实行强制性原则和权利义务对等原则，社会保障制度主要由政府来管理；养老金制度、医疗保险制度和家庭津贴制度是瑞典社会保障制度的主要构成；资金来源方面，被保险人的个人缴费占比较小，而政府的财政资助和雇主缴费却占比较大。瑞典的社会保障体系也有它独特的地方：具体表现在失业保险制度是非强制性的，属于自愿互助性质；瑞典社会保障服务的社会化程度已经非常之高了，覆盖的项目也非常之广，包括从"摇篮"到"坟墓"的各个方面；覆盖的人群范围从 2001 年开始基本达到了全覆盖（周弘，2010）。

3. 积极的劳动力市场政策。瑞典积极的劳动力市场政策的目标是"让每个人都有工作"。为了达到这个目标，瑞典的失业保障不是现金救济和补助，而是提供必要的培训以及福利性公共就业岗位，只有在万不得已的情况下政府才会给贫困者提供现金救济。瑞典政府在劳动力市场上的这种救济与市场经济原则"按劳分配"并不矛盾，甚至是可以相互补充的。强调依靠自己的劳动来生活而不是等待救济是瑞典与其他福利国家的区别之一。在 20 世纪 70 年代，瑞典的失业率就一直维持在 1.5% ~ 2.7%；对比更长的一个时间跨度：1945 ~ 1991 年，瑞典的失业率也保持在 1.4% ~ 3.5%（丁建定，2004）。可见，首先瑞典的失业率一直非常平稳且水平很低。这些均得益于瑞典政府提供的培训项目、临时工作机会；其次残疾人就业扶助也功不可没，政府采取措施为残疾人增加普通就业机会以及创造保护性就业措施，甚至给雇主补贴①以换

---

① 有时这种政府给雇主的补贴会超过雇主付给残疾人的工资。

取残疾人的普通就业机会；最后政府对就业的立法干预也非常重要，瑞典通过立法来限制雇主的权力，同时保障劳动者参与管理的权利，这样，劳动者在就业中就拥有更多的发言权，也更易于创造一个有利于劳动者的劳动力市场。

二、澳大利亚

澳大利亚地处大洋洲，是大洋洲的主体构成部分，国土面积约为768万平方公里。澳大利亚的人口虽然也在增长，但至2008年，其全国的人口总数也只有约2100万人，人口密度约2.6人/平方公里[①]，比瑞典的人口密度更小。澳大利亚是英联邦[②]成员国之一，其国家元首一直都是英国女王，直到1992年年底，澳大利亚新公民才不再向英国女王宣誓效忠。

(一) 经济状况及城乡人口分布

澳大利亚是经济合作与发展组织成员国。总体来看，澳大利亚的经济发达，工业主要以矿业、制造业和建筑业为主；矿产资源也丰富，是世界上重要的矿产资源生产国和出口国；农牧业发达，被称为"骑在羊背上的国家"，是世界上最大的羊毛和牛肉出口国；渔业资源也十分丰富，是世界第三大捕鱼区；服务业是澳大利亚最重要和发展最快的产业，其中2004～2005财政年度，服务业产值占国内生产总值的65.3%（周弘，2010）。

虽然澳大利亚的农牧业和渔业都很发达，整个农业的产值占GDP比重较高，但是因为农业机械程度和劳动生产率较高，导致了澳大利亚的农业劳动人口占总劳动人口的比重并不大。2001年澳大利亚的总人口数为1934万人，农业人口占总人口的比重只有4.5%。农业人口的占比是随着澳大利亚经济的发展和城市化的进程而减少的，1995年这一比重是5.0%，到2000年则下降到4.6%[③]。澳大利亚的工业劳动人口至2007年约占总劳动人口的25%左右。与第一产业和第二产业形成鲜明对比的是，第三产业的就业人口比重最大，2004～2005财政年度服务业就业人数占全部就业人数的74%，且一直处

---

① 新华网：《盘点世界上人口密度最低的十个国家》，http：//finance. qq. com/a/20100826/006306. htm.

② 英联邦（Commonwealth of Nations）是英国对联邦其他成员国在政治、军事、财政经济和文化上施加影响的组织。英联邦由英国和已经独立的前英帝国殖民地国家或附属国组成。第一次世界大战后，英国势力遭到削弱，各殖民地纷纷要求独立，便逐渐用英联邦代替英帝国的称号。

③ 《中国农村统计年鉴2003》：世界主要国家主要年份总人口与农业人口统计（1995 - 2001），http：//tjsj. baidu. com/pages/jxyd/21/11/2d1c78e128e45a94173ecaa68adfdaad_0. html.

于较快的增长态势中（周弘，2010）。澳大利亚的产业构成状况和劳动力的分布状况说明其城市化程度非常高，同样也经历了大量农民从农业转移到非农产业的过程。

（二）就业状况

澳大利亚的劳动力市场一直处于良性运行中，其失业率一直维持在很低的水平且保持下降趋势，2008 年的失业率已经从 2004 年约 5% 下降到 4.3%。澳大利亚人民就业的积极性很高，2005～2006 财政年度的总人口劳动参与率已经从 1978～1979 财政年度的 60.7% 上升到了 64.5%。其劳动参与率在经济合作与发展组织成员国之中属于中上等水平（周弘，2010）。

持续下降的失业率既表现了澳大利亚经济增长的强劲态势，也得益于该国的经济增长。当然，经济增长只是就业率上升的原因之一，另一个很重要的原因就是澳大利亚政府对国民就业问题的重视。澳大利亚政府历来就关注教育培训与就业之间的联系，并于 2007 年 12 月成立了教育、雇佣与工作场所关系部，该部专门负责教育和在职培训方面的全国性指导和规划。另外，该部下设四个机构，即工作搜寻局、国家培训信息服务局、工作信息数据库管理局、职业生涯开发研究局，为失业公民提供不同方面的服务，以保证公民通过公平易得的一系列教育公共服务[①]来获得个人的成长与发展；保证通过教育和社会化学习使所有澳大利亚居民都能够人尽其才，并得到公平的报酬；保证能积极提高劳动力参与率；保证就业增长从而发展本国经济、提升国际竞争力（周弘，2010）。可见该部门在失业保障中发挥了巨大作用，促进了劳动力市场的健康发展，保证了公民的积极就业，而不是消极地等待援助。

（三）社会保障状况

一国城市化的顺利开展和移民的顺利融入与该国的社会保障制度是分不开的。澳大利亚的社会保障制度最明显的特点即"双高"，高覆盖率和高公平性。澳大利亚几乎所有居民都在养老保障第一支柱、医疗、失业、工伤、家庭津贴的覆盖范围之内，到目前为止，整个社会保障体系已经建立的比较完善了，从 1908 年第一部养老和残疾人保障法颁布至今已有三十多部相关法律在实施（孙建勇，2004）。

---

① 这一系列的教育公共服务包括从早期儿童服务开始，到技能培训，一直到高等教育。

澳大利亚社会保障的管理机构主要有家庭和社区服务部、社会保障服务信息中心以及教育、雇佣与工作场所关系部。家庭和社区服务部是 1998 年为了给公民提供更加全面的社会政策而新成立的，主要负责一系列影响澳大利亚社会、家庭、社区和个人生活水平的社会政策问题；而社会保障服务信息中心主要负责基本养老金和其他一些福利待遇的发放管理工作；教育、雇佣与工作场所关系部前文已经介绍过，这里不再赘述。

虽然澳大利亚的社会保障完善、社会福利优厚，但澳大利亚并没有因此而患上"福利病"，相反，澳大利亚的社会保障制度因与本国的经济社会情况相适应，从而促进了国内经济的发展。从前文介绍可知，近些年来澳大利亚就业率和劳动参与率都持续上升，GDP 处于高水平且保持着继续增长的良性态势，国内通货膨胀率低，政府连续预算盈余。2005 年，澳大利亚全球综合竞争力排名第九，亚太地区第三；2006 年据国际货币基金组织预计，其经济发展将继续超过大多数的经济合作与发展组织国家。正因为这一系列的突出表现，澳大利亚的社会保障制度已经成为一些发展中国家学习的典范，但学习的同时不能忽视其经济发达而人口较少的客观条件。

（四）多元文化特点

虽然澳大利亚的农业产值和农业用地占比都相当大，在人们印象中它就是一个农业国家，但其生活方式与西欧和北美相似，文化属于西方文化；尽管澳大利亚是一个移民国家，但外来移民也能享受相同的待遇，在允许保留他们特色文化的同时，仍然能与拥有其他文化的居民轻松相处，和谐友善地共同生活。

首先，澳大利亚的城市化进程中各群体之间的融合程度较高。由于澳大利亚经济发达、技术先进，农业劳动生产率和机械化水平很高，虽然其农业产值和农业用地很大，但农业人口却很少，大部分农民和农业工人都进入城市从事着非农产业，因此，澳大利亚的主导文化是市区文化和城市生活方式。然而，所有在澳大利亚居住和生活的人都能享受同等的社会福利和公共服务，澳大利亚政府鼓励不同种族、民族的人使用他们自己的语言和保留他们自己的文化，甚至为发展多元文化的个人、群体和组织提供一些援助和津贴。因此，在澳大利亚并没有强制性地宣传一种语言和文化，政府提供宽松的政策和环境以使各种文化能共同发展，在这种指引下，民众之间没有因为身份和文化的差异而歧视某一个群体，各群体之间能愉快的相处。

　　其次，除了农村移民进入城市外，大量的国外移民进入澳大利亚也能安居乐业。澳大利亚的发展史就是一部移民史。大量的国外移民和高的人口净移民率为澳大利亚注入了新的血液，也大大改善了该国的人口结构。第一次国外人口大规模的流入是在 1799 年，英国囚犯被遣送至此；第二次较大规模的移民是在 1850 年以后伴随着金矿的发现和淘金热的蔓延而发生的；第三次移民高潮是在 1945 年以后澳大利亚主动向世界各国吸收移民以满足本国快速发展中对劳动力的需求。由于大多数的早期移民都处于社会底层，且当时政府奉行的是"白澳政策"[①]，社会不公随处可见，土著居民和非英裔的移民在很多方面都受到歧视。但第三次移民高潮开始后不久，联合国发表了《世界人权宣言》，申明世界上每个人都有基本的权利，且这些基本权利不分种族、宗教、信仰、地位、文化、语言、出生地点。受到世界形势的影响以及被歧视移民的反抗和呼唤，澳大利亚开始了一次影响深远的人权运动，建立了平等的养老保障制度和平等的医疗权利，给予了全体澳大利亚居民平等和公正的待遇（孙建勇，2004）。如今，来自世界各地的移民在这里安居乐业，与本地居民都能和谐共处。

　　综上所述，澳大利亚经济发达、人口稀少，农业人口占比极低、城市化进展顺利；除农村人口能顺利地融入城市外，国外移民也能很快融入澳大利亚的生活并享受其中。这些得益于澳大利亚雄厚的经济基础和完善的社会保障制度；另外政府对于教育培训和积极充分就业的高度重视更是功不可没；最后，除物质方面以外，政府在文化生活方面也对所有居民进行积极的引导和资助，以使整个澳大利亚消除各种歧视的根源并最终形成融洽的文化氛围。

三、印度

　　印度处于亚洲南部，2008 年的人口总数约 11.48 亿人，人口数量排名世界第二，仅次于中国。印度从 1990 年开始了私有化、自由化、市场化和全球化的改革开放，经济增长开始起步，到 2007 年印度的国内生产总值约 1.1 万亿美元，虽然经济总量较大，在世界排名中都名列前茅，但人均占有量则非常有限（周弘，2010）。而且，印度的经济发展多归功于国内市场和消费，出口

　　[①]　"白澳政策"（White Australia Policy）是澳大利亚联邦反亚洲移民的种族主义政策的通称。1901 年，"白澳政策"正式确立为基本国策，只许白人移居。在此政策下，大部分华人忍受不了欺压、被迫离开澳大利亚。1972 年澳大利亚工党政府取消了"白澳政策"。

与投资这两驾马车的作用非常有限。印度仍是以农业为主，农业是吸纳劳动力最多的行业，第二产业和第三产业发展相对缓慢，虽然印度的技术密集型服务业较为发达，如软件开发、电信等，但这些产业吸纳劳动力的能力十分有限。

中印两国是世界上人口最多的国家，且都是发展中国家，一旦开始了城市化进程，则将共同推动亚洲复兴，从而获得重要的国际地位。但中印两国对城市化的态度以及城市化所处的阶段是不同的，我国正在千方百计加快城市化步伐，已经发展到了城市化的中期阶段；印度才刚开始认识到城市化的意义与现状，才刚开始启动城市化步伐。印度的城市化水平非常低，直到 2005 年其城市人口占比也仅为 28.7%，据世界银行预测到 2015 年这一比例也只有 32% 左右①。

（一）印度城市化的发展历程②

1. 初始阶段（1947～1990 年）。伴随着 1947 年印度的独立，其各方面的发展都开始了新的一页，尤其是工业方面，由于摆脱了英国殖民地的阴影，其工业不再遭到英国及其他西方工业产品的廉价打压，现代工业体系逐步建立和完善，对进口的依赖程度逐步减小。城市化作为工业化的产物，数量和规模都开始扩展。

从理论上来说，城市化过程中，城市人口的扩张和农村人口的减少原因有三点：一是城市内部人口的自然增长；二是农村人口向城市的迁移，这属于城市人口的机械增长；三是变更城乡行政区划，使原来的农村人口在不迁移的情况下就地变成了城市人口。依据印度 1991 年的人口普查资料，1971～1981 年的城市人口增长中，约 41% 属于是自然增长；而到了 1981～1991 年间，城市人口的增长中有约 60% 是自然增长。可见，在初始阶段，印度城市化的进展较缓慢，城市人口增加的主要原因是城市人口的自然繁殖导致的，而不是基于农村人口向城市的转移。

2. 发展阶段（1990 年至今）。1990 年印度开始了全面的改革开放，经济开始快速增长，第二产业和第三产业吸纳农村过剩劳动力的能力得到增强，根

---

① World Development Report 2009 "Reshaping Economic Geography", http：//www. worldbank. org/html/extdr/wdr2009 - complete，pdf.

② 有关印度的城市化及其相关人口数据参见，刘小雪：《中国与印度的城市化比较》，http：// www. chinaelections. org/newsinfo. asp? newsid = 112484.

据印度计划委员会制作的第十一个五年规划，表 3 - 1 显示了各个时期印度按产业划分的就业人口分布状况。

表 3 - 1　　　　　　　　印度按行业划分的就业人口分布　　　　　单位:%

年份＼行业	第一产业	第二产业	第三产业	总计
1983	65.42	14.83	19.75	100
1993～1994	61.03	15.92	23.05	100
1999～2000	56.64	17.58	25.78	100
2004～2005	52.06	19.45	28.49	100

资料来源：张文镝：《简论印度农村的社会保障制度》，《当代世界与社会主义》2008 年第 6 期。

同时，印度的城市化进程也加快了步伐。根据世界银行发布的世界发展指数，可得印度分阶段的人口城市化率表格（见表 3 - 2），在一定程度上反映出 1990 年后印度的城市化进展速度。

表 3 - 2　　　　　　　　　印度的城市人口变化

年　份	人口城市化率（%）	城市人口（万人）
1960	17.90	7784
1991	25.72	22287
2005	28.70	31415
1960～2005 年每年算术平均增长	0.24	525
1991～2005 年每年算术平均增长	0.21	652

资料来源：世界银行《2007 年世界发展指标》编写组（编）、王辉等译：《2007 年世界发展指标》，北京：中国财政经济出版社，2008 年。

（二）城市化进程中存在的问题

虽然目前印度的城市化水平并不高，但已经暴露出很多严重的问题，甚至正处于问题爆发的临界点[①]，需要政府当局高度重视且采取有力措施来缓解。

---

① 环球时报：《美媒评印度城市化现状，称农民进城后生活更痛苦》，http：//news.sohu.com/20101202/n278050027.shtml.

1. 城市的基础设施匮乏，基本公共服务短缺。长期以来印度一直是以农业为主、以农民为主，但近些年来，大批农民涌入城镇，使几乎所有的城市都人满为患，几乎所有的道路都在拥堵，自来水、下水道、电力设施等严重缺乏，住房更是少得可怜。2004 年拥有基本粪便处理设施的印度城市人口占比仅为 59%，而约 55% 的城市贫民窟是没有厕所的①。大部分由邦或者地方政府修建的社区厕所由于没有维护而废弃了。印度政府在城市的基础设施方面的投资严重不足，每年的人均支出约 17 美元，而中国约是 116 美元②。

2. 城市贫困人口迅速增加，贫民窟大量存在。由于印度政府对城市设施及公共服务投入的严重不足，使得农民进城后生活异常艰辛，也使得印度的贫民窟人口是地球上最多的。根据印度 2001 年的人口普查数据可知，在市以及人口超过 5 万人的镇在贫民窟中居住的人口占所有城镇总人口的 22.6%。更为严重的是，贫民窟中的人口数量正在快速增长，但贫民窟的数量却没有太大变化，这就导致了贫民窟的人口密度快速增长，继而，会引发公共卫生、暴力犯罪等社会问题。虽然在城市的生活是如此的糟糕，但仍然比留在偏远的农村要强，因此，农民们仍然挤向城市，寄希望于他们的后辈能生活的比他们好。

3. 政府当局管理水平低，有法不依执法不严。一直以来，政府将印度定位为一个农业大国，所以，政府当局不欢迎城市化，有些政策的设计甚至是为了让新移民难以在城市立足，从而阻碍城市化进程。印度政府很大程度上控制着土地，土地用于新开发的审批往往很难通过；政府往往侧重富裕阶层和中产阶级的利益，较少顾及贫民；事实上印度各个城市没有多少实权，同时也缺乏城市规划体系；政府对于一些严重的社会问题也采取不作为的态度；政府制定法律却没有依法执行，例如，《邦之间流动的农民工（就业规定和服务条件）法案》。对城市正常运行的管理也很混乱，在一些主要城市中，道路质量差、不分车道、交通工具严重超载、公汽没有车门、乘客乱上下车等现象普遍。

4. 城市化的主要动因是"推力"而不是"拉力"。根据唐纳德·博格的"推—拉"理论，在市场经济和人口自由流动的情况下，人口流动是两种不同方向的力量作用的结果。一般人口流出地会存在一些消极因素，如低收入、差

---

① 尽管如此，这个比例仍然比 1990 年提高了 14 个百分点。

② 刘小雪：《中国与印度的城市化比较》，http://www.chinaelections.org/newsinfo.asp?newsid=112484.

环境，等等，这些会将农村剩余劳动力"推"向城市。而城市里相对农村更好的条件和将来的美好预期则会吸引人们向城市迁移，形成"拉"力。印度的城市化主要动力机制是农村消极因素的"推"力结果，并不是城市繁荣的"拉"力。虽然印度城市人口的增长中多是由城市人口的自然增长造成的，但这些转移的农村居民多是因为在农村实在待不下去了①，而不是因为在城市能找到更好的工作。这些农村无地居民转移到城市的贫民窟，生活并未发生实质性的转变。

（三）政府采取的城市融合相关政策

印度的城市化状况很糟糕，政府也尝试用一些办法来缓解，主要表现在以下几个方面：

1. 社会保障政策。总体来说，印度的社会保障水平较差。虽然大部分的社会保障项目按照印度法律规定是人人享有的，但事实上却是形同虚设，并不是政府不想执行，而是无法执行：一方面，在印度拥有稳定工作的人太少，特别是其中能付得起社会保障费的，大多数工人都是在非正规市场上就业，而社会保障制度只覆盖了正规就业部门；另一方面，印度的经济发展较落后，政府的财政收入有限，无力拿出更多的资金用于社会保障事业。

印度的社会保障覆盖面非常窄，最根本的原因还在于印度的经济不发达。经济发展水平是物质基础，稳定的社会保障制度需要建立在一定的经济基础上。而目前印度还处在工业化的初期阶段，还没有财力将大量的农民和贫民窟居民纳入社会保障体系之中，这些贫民也无力缴纳社会保障费；也正是因为在工业化的初期，工业化所导致的社会风险还未完全显现，完善的社会保障制度需求还不迫切；印度的人口结构还未发展到"高出生率、低死亡率和高自然增长率"阶段，老龄化危机还未到来，因此印度还有大量的人口红利可以获得，完善的社会保障体系自然不是当前最迫切的需求。

2. 劳动力市场政策。印度是人口大国，劳动力的供求矛盾也十分突出，一直以来失业率都居高不下，具体见表 3-3。虽然政府在每个"五年计划"里都把充分就业作为重要目标，但效果并不明显。

---

① 印度农村土地改革并不彻底，土地的集中现象很严重，很多农村居民既没有耕地，也没有住房。

表 3 - 3　　　　　　　　　　印度各财政年度的失业率　　　　　　　　　单位:%

年份	1972 ~ 1973	1977 ~ 1978	1983 ~ 1984	1993 ~ 1994	1999 ~ 2000	2001 ~ 2002	2002 ~ 2003	2003 ~ 2004	2004 ~ 2005
失业率	8.35	8.18	9.22	6.06	7.31	8.87	9.12	9.13	8.28

资料来源:国务院发展研究中心"印度人口流动和城市治理的经验教训"考察团:《印度城市化的经验教训及对我国的启示》,http://wenku.baidu.com/view/096d5b687e21af45b307a82e.html.

另外,由于印度经济发展很不平衡,落后地区向发达地区的人口转移一直都存在,"绿色革命"① 以后,这一转移趋势更加明显,印度也存在"农民工现象",移民在就业中受歧视的现象也非常广泛,政府也出台相应的政策法规以减少这些问题。例如,1979 年出台了《邦之间流动的农民工(就业规定和服务条件)法案》,规定所有雇佣 5 名以上跨邦流动农民工的企业,要保证农民工在工资支付、健康保障、交通补贴、劳动保护等方面的基本权益。但该法案并没有得到贯彻实施。印度的劳动立法很多,出发点都是为了保护劳动者的权益,例如,《劳动者报酬法》(1923)、《周假日法》(1942)、《工资法》(1936)、《最低工资法》(1948)、《分红法》(1965)、《废除契约劳工法》(1976)、《工资支付补偿法》(2005),等等。其中影响最大的还是《产业争议法》②(1947),虽然该法的初衷是保护员工权益不受侵害,但事实上却是侵害了更多员工的权益。因为大多企业为了避开此法,不会贸然扩大企业的规模,这样仍然只有极少数正规企业里的员工能够得到法律的保护。

3. 义务教育公共服务。虽然印度的高等教育在发展中国家是屈指可数的,印度培养的工程师全球闻名,但印度的义务教育却不尽如人意,其整体识字率和平均受教育水平很低,据世界银行预测,印度的文盲人口将占世界文盲总人数的 54% 。真正赖以发展和提高全民素质的是义务教育,早在 1986 年,印度就出台了《国家教育政策》,将人力资源作为印度发展的第一资源,将教育产业的地位上升到战略的高度,并规定:到 21 世纪初,基本实现所有公民的义务教育免费,政府对教育的投入应进一步加大到 GDP 的 6% ,其中一半要用于义务教育。但至今这一目标还远未实现,主要原因在于印度政府对于发展义务教育的态度并不十分坚定,真正需要义务教育的弱势群体在制定教育战略时基

---

① "绿色革命"是指热带、亚热带地区的农业现代化,以引进、改良、推广高产优品种为核心,提高粮食单产,所种植的粮食作物主要是小麦和水稻。

② 《产业争议法》规定员工超过 100 人的企业,在解雇员工时,必须要经过邦政府的批准。

本没有话语权，而需要高等教育的利益集团却在优先发展高等教育的政策制定中掌握着话语权。由此可见，话语权与识字程度、受教育程度有一定的关联，一般受教育程度低，其参与政治的可能性就越小，而在教育政策制定中的发言权越小，制定的教育政策就越不利于穷人，并可能形成恶性循环。

4. 土地和住房政策。印度的土地政策在前文也有提到，政府在很大程度上控制着土地，城市的土地利用审批很难；农村的土地改革不彻底，土地集中现象普遍，大量农民没有土地。另外，印度的住房极度缺乏，各城市甚至有自己的住房相关法律，很多初衷是保护租房人利益的法律，最后都限制了住房市场的正常发展，打击了市场出租房屋和建设房屋的积极性，反而限制了住房的供给，而政府给城市贫民窟建造房屋的速度远赶不上贫民窟人口的膨胀①。

综上所述，印度的经济欠发达，工业化还处于初期阶段，城市化水平仍然很低，城市的基础设施、公共服务、社会保障、住房、就业市场、义务教育等均存在很大的问题，但农村人口还是涌向城市。印度政府在应对这些问题时总是心有余而力不足，国家物质基础有限；而且很多法律、政策的制定虽然有好的初衷但最终却走向了相反的结果。因此，能促进农村人口城市融合的政策或法律不仅要考虑设计初衷，而且还要考虑政策的联动机制、政策的适用条件、政策的可执行性，等等。

以上三个国家的城市化进程除了与经济发展相关，都与政府的努力分不开：瑞典与澳大利亚的城市融合程度要相对较高，在很大程度上取决于其政府提供的社保、就业等公共服务政策，这些政策的适当可以促进城市融合与经济发展的良性循环；印度的城市化状况一方面是由于物质基础不够，另一个重要原因即政府的社会融合政策制定不适当和执法不力。

第二节　我国的城市化与人口迁移轨迹

我国是发展中国家，工业化进程到了中期阶段，伴随着我国工业化的发展城市化进程也已经有了相当的成就。我国的城市化过程，既遵循一般规律，也有我国特色。随着科技的发展和生产率的提高，农村出现了大量剩余劳动力；工业和服务业的发展也需要吸纳更多的劳动力，这"推"、"拉"合力使得农村剩余劳动力大量向城市转移，形成了历史上最庞大的农民工群体。

---

① 姚洋：《印度随想》，《南方周末》2007 年 4 月 4 日。

一、我国的城市化概况

我国的城市化进程，道路曲折，但前景美好。新中国成立以前，由于其他国家的入侵和国内军阀割据的干扰，我国的城市化发展不均衡，最明显的例子是上海，由于当时很多入侵的列强将上海作为其租界，这里的工商业非常发达，城市迅速扩张，而其他地方则被排除在工业文明之外。新中国成立以后，我国的城市规划逐渐形成，但由于政治因素的影响，出现了人为的城乡分割、"上山下乡"等政治运动而阻碍了城市化进程。因为城市化的倒行逆施，积累了很多问题和矛盾，直到改革开放以后，长期积累的问题得以暴发，大批返城人群给城市的就业、居住、生活供给等都带来了挑战；另外，由于农村劳动生产率的提高，大量剩余劳动力来到城市寻找出路。由此可见，我国的城市化过程缺少平稳地过渡，给社会的稳定带来了很大的挑战。

以下就以改革开放为时间临界点，分两个时段来简要介绍我国的城市化概况。

（一）改革开放前的城市化——起步阶段

从 1949 年到 1978 年之间，我国的城市化进程总体来说相当缓慢，且这种缓慢并不是匀速的，而是起伏跌宕的。

在"大跃进"之前，我国各方面的发展总体来看是很快速的，城镇人口的年均增长速度达到 7.1%，城镇人口的比重由 1949 年的 10.64% 上升到 15.39%。在"优先发展重工业"的战略指引下，大批农民来到城市就业。三年的"大跃进"将我国的城市化进程带入了高潮发展阶段，但随后的调整时期则迅速冷却了这股热潮，很多项目的撤销或停建，导致大量的人口被遣放回农村，城市化进程出现了倒退现象。1958～1960 年，我国的城镇人口占比从 16.25% 增加到了 19.75%，而 1965 年这一比重就减少至 17.98%。而后我国的"文化大革命"爆发，城市化进程停滞不前，从 1966～1977 年，城镇人口的比重变化不大，一直维持在 17% 多一点。

这一时期城市化的特点之一是工业化的发展与城市化的发展不同步。工业总产值占工农业总产值的比重从 1949 年的 30% 增长到 1978 年的 72.2%，非农产值占国民收入的比重从 1949 年的 31.6% 增长到 1978 年的 64.6%[①]。特点

[①] 丁刚、张颖：《我国城市化进程的历史回顾与动力机制分析》，《开发研究》2008 年第 5 期。

之二是城市化进程受到政治因素的影响较大，区域的发展受当时高度集中的计划经济体制制约严重。特点之三是这一时期的城市化将我国城乡完全隔离开来，政府为了方便管理，对城乡实行了两套完全不同且完全不能相互转化的制度，最终限制了农村人口的自由流动。

（二）改革开放后的城市化——起飞阶段

改革开放后的城市化进程明显加快，推进我国城市化进程，处理好农民工的城市融合问题，是 21 世纪必须要解决好的重大课题。

我国的改革开放是从农村的土地联产承包责任制开始的，因此，是农村的经济体制改革推动了新一轮城市化高潮。农业劳动生产率突然被释放出来，富余出来的劳动力则进入城市发展；大批上山下乡的知识青年和下放干部得以返城，高考的恢复也促使了大量的农村人口进入城市。因此，城镇人口的比重从 1978 年的 17.92% 增长到 1984 年的 23.01%。由于这一时期小城镇力量的积累和沿海地区的开放，使得在接下来的几年里，城市化主要以小城镇的扩张为特征。随后我国市场经济体制改革方向的确立和全方位各领域的改革启动，带动了我国城市化进程的持续发展。1990 年我国的城市化率为 26.41%，到 2000 年达到 36.22%。2005~2009 年的城市化率如表 3-4 所示。

表 3-4　　　　　　　　　　我国城市化率变化情况

年份	2005	2006	2007	2008	2009
总人口数（万人）	130756	131448	132129	132802	133474
城市化率（%）	42.99	43.90	44.90	45.68	46.60

资料来源：笔者根据历年《中华人民共和国统计年鉴》以及《中国的人力资源状况》白皮书整理。

由此可见，改革开放以后，我国的城市化先后在农村经济体制改革和城市经济体制改革的动力下快速发展，新中国成立初形成的城乡二元结构开始"破冰"，但计划经济以及户籍制度的残留仍在一定程度上阻碍着城市化的发展，城市化仍滞后于工业化的发展，政府需要进一步扫除旧制度的影响，并积极出台新的政策措施促进城市化。

二、有关农民工城市融合的社会政策演变

城市化最根本的影响因素是经济发展水平，但当城市化水平与经济发展水

平不平衡、不一致时，则社会政策对城市化和城市融合的影响是最大的。

（一）户籍制度的演变

户籍制度在学术界被称为我国各种社会制度的"母体制度"，也有人称为"屏蔽制度"，是从新中国成立后开始形成的。形成之初，其主要功能是人口管理；紧接着在"优先发展重工业"的战略指引下，城乡距离开始逐渐拉开；为了配合当时高度集中的计划分配经济制度，围绕着户籍制度又诞生了一系列的配套制度，但都是以这种城乡严格区分的户籍作为基础的，所以户籍制度被称为"母体制度"。另外，一种户籍性质配套着一种身份和一系列利益，这样，一旦确定了个人的户籍性质，也就是把一部分人群屏蔽在一系列的利益之外了。因此，户籍制度影响深远，且改革困难，提起中国的社会政策，就回避不了户籍制度。

以下按照户籍制度管制农村人口流向城市的严格程度，将我国户籍制度的演变分为四个阶段，分别予以简要介绍。

1. 第一阶段：严格控制。从 1949 年新中国成立以来到 1978 年的改革开放期间，我国一共出台了三个有关户籍方面的较重要的文件。前两个都是 1957 年 12 月出台的：一个是国务院《关于各单位从农村中招用临时工的暂时规定》，该规定是针对城市的用人单位提出的要求，概括来说，即城市用人单位禁止在任何地方以任何形式招用农民[①]；另一个是中共中央和国务院联合发的《关于制止农村人口盲目外流的指示》，该指示不是仅针对城市的用人单位，还强调了农村人口管理部门的职责，要求城乡户口管理部门密切配合，严格户口管理，从两头来严防农村人口的流动。而 1958 年 1 月通过的《中华人民共和国户口登记条例》，则标志着我国正式形成了严格控制农村人口流动的户口制度。

2. 第二阶段：开始松动。改革开放以后，我国的农村和城市面貌都发生了很大改变。改革最先是从农村发起的，农村家庭联产责任承包制的实行带来的最直接的效应就是，农村的劳动生产率得到了极大的释放，出现了大量剩余劳动力；与此同时，城市经济体制的改革使得城市工业开始复苏，需要大量地吸收劳动力。这两方面综合作用的结果必然是农村剩余劳动力自发地向城市流

---

① 具体来说，即要求城市的各用人单位一概不能私自在农村招工，也不能私自招用盲目流入城市的农民，甚至连临时工都必须在城市招。

动，但城市管理者站在本城市的立场上，又需要保护本地劳动者的利益，于是形成了城市内部的二元劳动力市场。

在政策表现上，这种松动始于 1984 年国务院《关于农民进入集镇落户问题的通知》，规定凡在集镇有固定住所，有经营能力，或在乡镇企事业单位长期务工，准落常住户口，口粮自理。为配合这一政策变动，1985 年公安部开始对流动人口实行《暂住证》、《寄住证》制度，并实施《中华人民共和国居民身份证条例》。这些都表明了已实行 30 年的、严格控制农村人口流动的制度开始松动，具有历史性的进步意义。

3. 第三阶段：控制盲目流动。继政策松动之后，1989 年国务院办公厅发出《关于严格控制民工外出的紧急通知》，该通知是第一个加紧管制的信号。1994 年劳动部发出了《农村劳动力跨省流动就业管理暂行规定》，再次对人口跨省流动实行严格管制，坚持本地就业优先原则，严格控制招工方式。1995年在厦门召开了全国流动人口管理工作会议，并形成《关于加强流动人口管理工作的意见》。但这种以强制遣送、劝返等措施为主的加强管理效果并不显著，尤其是在《小城镇户籍管理制度改革试点方案》颁布之后，人口流动规模以不可逆转之势迅速增加。

4. 第四阶段：大幅度的户籍改革。早在 1992 年我国的户籍制度改革就已经开始酝酿了。到 1997 年出台了小城镇的试点方案；2000 年中共中央、国务院发布了《关于促进小城镇健康发展的若干意见》，允许小城镇对符合条件的农民准予落户，并在子女入学、就业方面给予均等化的服务，废除城镇增容费等其他费用；2001 年国务院批转了公安部《关于推进小城镇户籍管理制度改革的意见》，2004 年公安部废止了《城市户口管理暂行条例》。至此，我国的户籍制度改革进入了快车道，其他各项针对流动人口的配套改革也逐步跟进，使得户籍制度的"母体"地位在逐渐弱化，流动人口与本地人口权益逐步走向平等。

（二）其他相关社会政策的演变

针对农民工的社会政策最关键的是户籍政策，户籍政策从它诞生那一天起就与"就业"天然联系在一起，农村户口的不可以到城市就业；后来，户籍制度又与社会保障政策和义务教育政策不可分离，户籍制度成为后两者名副其实的"母体制度"。

1. 就业政策。我国针对农民工的就业政策是伴随着户籍制度的演变而演变的。新中国成立初期，我国出台的三个户籍方面的文件直接与就业相关联，规定了农村户籍的人口不得在城市就业，城市管理部门要"堵"住农民在城市的出路，农村相关部门也要配合城市的管理，"守"住农民不得外出；改革开放以后，许多农民都自发地流向城市，城市政府为了发展工业，开始接纳他们，到城市就业开始与户口脱离联系；但当城市的工业化发展到一定程度，工业化与城市的人口集中所带来的各种问题逐步暴露出来，城市管理者很自然站在城市的立场，认为是外来农民工大量涌入城市的原因，又开始限制农村户籍人员在城市就业，同时为了保证本地居民的就业率则优先录用有本地户籍的人口，至于本地居民不愿意做或者做不了的工作则还是招用农村人口；长此以往，又形成了城市内部的二元劳动力市场，农民工多在次级劳动力市场上就业，且多是非正规就业部门。这种不公平的现象越来越受到社会各界的关注，"让全体人民共同享受经济发展的成果"的呼声越来越大，政府开始着手更加注重公平的改革，2003 年国务院办公厅发布了《关于做好农民进城务工就业管理和服务工作的通知》，强调了对农民工群体的就业服务；2005 年劳动和社会保障部发布了《关于废止〈农村劳动力跨省流动就业管理暂行规定〉及有关配套文件的通知》，宣布正式废除流动人口就业证制度。

2. 社会保障政策。社会保障政策与农民工的城市融合息息相关，他们来到城市若连生活也无法保障自然也无法实现城市融合。

1999 年我国出台了《城市居民最低生活保障条例》，保障对象是持有非农业户口的城市居民才有资格享受；而有关农村的最低生活保障制度直到 2007 年才制定。

从 1951 年我国建立《劳动保险条例》开始，就将城镇国有企业职工纳入了劳动保障的范畴，且在相当长时间内，只覆盖国有企业。直到 20 世纪 90 年代，我国的劳动保障制度进入了改革的快车道，才逐步将私营企业纳进来。到 1997 年《国务院关于建立统一的企业职工基本养老保险制度的决定》的出台，第一次对农民合同制工人参加基本养老保险做出了规定。另外，一些改革开放的前沿城市，也已逐步允许农民工就地参加各种社会保险。

我国的医疗保险分为三块，城镇职工基本医疗保险（1998）、新型农村合作医疗（2003）与城镇居民基本医疗保险（2007），虽然当前农民工可以根据自己的条件来选择合适的类别参加，但这三大块之间缺乏衔接办法，实施效果也不尽如人意。2006 年国务院发布了《关于解决农民工问题的若干意见》，要求健全流动人口的社会保障待遇，特别是工伤保险与医疗保险待遇。

3. 义务教育政策。1996 年以前，我国政府没有任何关于非城市户口的学龄儿童应如何在城市接受义务教育的相关规定，也即农村户口的学龄儿童只能在农村接受义务教育。在这种情况下，不得不进城谋生的农民大多把孩子留在农村老家接受教育，由此产生了大量的"留守儿童"问题；另外，城市里也出现了一些不合格的民工子弟学校来解决农民工的这一需求，结果往往是"误人子弟"。这些负面效应引起了社会各界的高度关注。

1996 年国家教委基础教育司出台了我国第一个专门针对流动儿童①教育问题的文件：《城镇流动人口中适龄儿童、少年就学办法（试行）》。该文件强调了流入地政府的管理责任，强调了办学者和家庭的经费责任。紧接着 1998 年《流动儿童少年就学暂行办法》是在 1996 年的基础上，政策主基调不变，但明确了一些细则，例如，流动儿童少年以流入地全日制公办中小学借读为主，明确了"公办"的性质。但这两个文件既没有涉及政府的主要责任地位也没有涉及政府的经费资助问题，因此，在具体实施过程中，仍然是只有经济条件相对较好的农民工家庭才能让其子女在城市公办学校接受义务教育。2001 年《国务院关于基础教育改革与发展的决定》中提到了"依法保障流动人口子女接受义务教育的权利"，仍然没有涉及经费的责任分担问题。

2003 年我国出台了第一个专门针对农民工子女义务教育的政策文件：《关于进一步做好进城务工就业农民子女义务教育工作的意见》。该文件除了重申"以流入地政府管理为主、以城市公办中小学为主"这两个原则之外，更重要的是明确了流入地政府对农民工子女义务教育经费的保障责任。前文提及的《国务院关于解决农民工问题的若干意见》中也对农民工子女的义务教育问题做了进一步规定，流入地城市政府要对接受农民工子女的民办学校给予全方位的支持和指导。而真正开始让农民工子女在城市的公办学校享受无差别待遇的文件是：2008 年的《国务院关于做好免除城市义务教育阶段学生学杂费工作的通知》，该通知明确规定了公办学校对农民工子女免除学杂费，不收借读费，第一次终结了城市公办学校对农民工收取"借读费"的历史。2010 年 12 月《教育部关于修改和废止部分规章的决定》中，修

---

① 流动儿童并非都是农民工子女，也可能是城市户口，只不过从一个城市迁移到另一个城市。但其主体仍然是农民工子女。

改了一些明显不适应经济社会发展和教育改革发展要求的规定，其中删除了《小学管理规程》第十二条表述的一句话"并可按有关规定收取借读费"，从而，不管是公办小学还是民办小学，收取农民工子女的小学借读费都没有了法律依据。

4. 住房相关政策。住房，是农民工在城市里生活的基本条件之一。对于短期在城市停留，且仅以赚钱补贴家用为目的的农民工，住房要求会相对低一些；但对于打算长期在城市居住，举家迁移到城市的农民工，对城市住房的需求会更强烈。安居才能乐业，进入了 21 世纪，随着我国城市化进程中大量农村人口移居城市，他们的住房问题已经引起了社会各界的高度关注。2005 年在《关于住房公积金管理若干具体问题的指导意见》中，首次提出农民工可以参加住房公积金制度，但前提是"有条件的地方"，不过总算是为农民工在住房公积金存款和贷款中开了先例。随后，2007 年年底，建设部等五部委联合发布了《关于改善农民工居住条件的指导意见》，明确政府应该在政策方面予以扶持，城市住房建设规划要把长期在城市就业生活的农民工纳入。这些只是方向性、方针性的规定，并没有具体的实行措施。到 2008 年的中央 1 号文件则给出了详细的措施：提供符合农民工特点的低租金房屋，改善农民工居住条件。

第三节　我国部分城市的农民工城市融合实践

根据《2009 年农民工监测调查报告》[①]，2009 年度全国农民工总量为22978 万人，其中外出农民工 14533 万人；而在东部地区[②]务工的外出农民工占全国外出农民工人数的 62.5%。可见，外出的农民工仍然以东部地区为主要务工目的地；我国的城市化过程也遵循世界范围内城市化的一般规律，即城市化的发展与当地的工业化发展和经济发达程度直接相关。这一规律在我国的表现即是：农民工就业地区主要是珠三角、长三角和各省内主要大中城市。其中，2009 年长三角和珠三角的农民工数量见表 3－5。

---

① 国家统计局：《2009 年农民工监测调查报告》，http：//finance. sina. com. cn/roll/20100319/11007595262. shtml。为全面、及时、准确地反映农民工数量、流向、结构、就业、收支、居住、社会保障等情况，国家统计局于 2008 年年底建立了农民工统计监测调查制度。

② 东部地区是指北京、天津、河北、辽宁、上海、江苏、浙江、福建、山东、广东、海南。

表 3－5	2009 年长三角与珠三角农民工数量	
指标 地区	农民工数量（万人）	占全国外出农民工的比例（%）
长三角	2816	19.4
珠三角	3282	22.6

资料来源：国家统计局：《2009 年农民工监测调查报告》，http：//finance. sina. com. cn/roll/20100319/11007595262. shtml.

基于该判断，本书在珠三角和长三角地区分别选取一个典型城市——深圳和宁波，介绍他们的农民工城市融合实践。另外，这几年，中西部地区的农民工所占比例有明显的上升趋势，且随着"中部崛起战略"和"西部大开发战略"的实施，很多城市的改革也有可借鉴之处，本书选取重庆作为典型代表。以下依次介绍深圳、宁波、重庆的农民工城市融合实践。

一、深圳

深圳又叫"鹏城"，是我国珠江三角洲的代表城市和核心城市之一。深圳于 1980 年 8 月正式设立为我国第一个经济特区。1980 年深圳的流动人口只有12 万人；截至 2010 年 5 月，深圳累计登记的流动人口为 1200.55 万人，常住人口约 246 万人，由此可见，深圳的流动人口约占总人口的 82%[1]，形成了严重的户籍人口与非户籍人口的比例倒挂。2010 年年初，美国的《福布斯》杂志公布了世界人口最稠密的城市排行榜，深圳的人口密度排名全球第五名，我国范围内排第一名，远远超过了上海和北京[2]，并超越了传统意义上的"密城"——香港。

深圳的流动人口主要是外来务工者，而这些务工者之中农民工是主体，据2006 年我国劳动和社会保障部在深圳的抽样调查，深圳农民工数量占外来务工者的 63.6%。按照这个比例，2007 年深圳的农民工已经超过了 800 万人，从这些数据来看，深圳是我国最早吸纳农民工且吸纳最多的城市[3]。2007 年深

---

[1]　百度百科：《深圳》，http：//baike. baidu. com/view/3329. htm.

[2]　陈彦炜：《"密城"深圳——中国城市化进程中人口问题的微缩样本》，http：//news. sohu. com/20101029/n276754467. shtml.

[3]　根据国家统计局深圳调查队孔爱玲《关于农民工与深圳产业发展报告》，深圳 2007～2010 年每年将新增农民工 11 万～15 万人，而 2007 年广州的农民工只有不到 140 万人。

圳还被评为"农民工最受欢迎的十大城市"。而在这些农民工群体中，新生代农民工已经占据了主体地位，根据深圳市总工会于 2010 年 4~6 月做的"新生代农民工生存状况调查"研究①，农民工群体中有 73.8% 是新生代农民工，平均年龄只有 23.7 岁。这无疑使得深圳的人口年龄结构变得年轻化②，缓解了其老龄化压力，使得深圳市成为全国人口密度最大、吸纳农民工最多、人口结构最年轻的城市。

（一）深圳的城市化过程

深圳的城市化过程与其经济发展、产业结构、产业就业人口结构以及农村的行政建制改革是一体的。总体来说，由于深圳的经济快速发展，吸纳了大量资本、技术和劳动力，具备了产业结构优化升级的基础和条件；工业产值占总产值的比重逐渐上升，服务业产值比重缓慢上升，而农业份额下降；相应地，在劳动就业结构中，第三产业吸收了从农业中转移出来的大量劳动力，包括外地的农村剩余劳动力。深圳对农民工的吸纳速度与其经济增长呈现出一定的相关关系，具体如表 3-6 所示。

表 3-6	深圳市各期的经济增长与农民工数量增长				单位:%
项目＼时期	"六五"	"七五"	"八五"	"九五"	"十五"
GDP 年均增长率	50.3	22.4	30.9	15.9	16.3
农民工年均增长率	101.9	19.7	28.7	10.5	2.3

资料来源：深圳市统计局编：《深圳统计年鉴 2006》，北京：中国统计出版社 2006 年版。

在产业结构与就业结构变动的同时，深圳开启了农村行政建制的改革，将农民变为市民，将集体土地收归国有，成了第一个没有农村和农民的城市。从总体上来看，深圳的城市化过程可以分为两个阶段，第一阶段只是将农村非农

---

① 深圳市总工会委托深圳大学劳动法和社会保障法研究所联合开展调查，针对的"新生代农民工"与本书所界定的概念相同，指中国改革开放后出生的"80 后"、"90 后"户籍在农村但到城市务工的人员，其中既包括从小在农村长大进城务工的青年劳动力，也包括随打工父母在城市中长大的青年劳动力。http://news.sina.com.cn/c/2010-07-15/105720684918.shtml.
② 依据"第五次人口普查"的资料，深圳市人口平均年龄为 25.37 岁，其中 20~39 岁的人口占总人口的比重高达 66.38%。

化，第二阶段才是真正的人口城市化。

1. 第一阶段（1979～1992 年）。从 1978 年我国改革开放的大政方针确定开始，深圳也开始了从农业经济形态向工商业经济形态的转型，但起步阶段，发展速度很慢。

到 1980 年深圳特区成立后，政府就开始了农村征地行动，大片的村庄都征为国有，并将农村的行政建制改为了城市建制，但是农民并没有转变成市民，户口性质仍没有变，当然城市的社会保障及其他福利他们仍然享受不到。为了让这部分失去土地的农民得以继续生存，深圳政府做出了一个在当时看来很合理但却给今后的发展埋下隐患的决定：征地的同时保留一部分土地给村民，仍然实行集体所有制。保留下来的土地用作两种用途：宅基地和工业用地，也即一部分用来居住，一部分用来谋生。用以谋生的土地由村集体开发，举办工业安排村民就地就业。

到 1982 年以后，深圳特区优惠的效应就显现出来，大量"三来一补"的企业进入深圳，使得深圳市第二产业与第三产业出现了"井喷式"的增长，除了吸纳本地的农村劳动力之外，更需要大量地吸纳外地的劳动力，导致了这一时期深圳市的流动人口也出现了快速增多趋势。

2. 第二阶段（1992 年至今）。1992 年邓小平同志"南方谈话"过后，深圳的经济增长又一次迎来了新的增长期。但这一时期深圳市的经济结构开始调整升级，随着大量的资本、技术的引进，第二产业对劳动力的吸纳能力在减弱，很多"三来一补"企业开始外迁，第三产业产值占总产值的比重开始上升。总体来看，深圳市吸纳的农民工数量仍在增加。

也是在 1992 年，政府开始了特区内农民的真正城市化，真正将农民身份转换为市民身份，并赋予相应的市民权益和福利待遇，城市化的管理体制也相继建立。2003 年开始深圳特区外的宝安与龙岗两地的城市化工作，2004 年在前一年试点的基础上，将所有特区外的农村、农民全部城市化①。至此，深圳成了我国第一个没有农村没有农民的城市。

（二）深圳的城市融合政策

深圳的城市化过程虽然迅速，但在城市融合方面却面临着较大的困难，不仅需要完成本地农民的城市化，更需要完成超过本地人口近 6 倍的、拥有多元

---

① 即将所有的集体所有土地改为国有，将本地户籍的人口全部改为城市户口。

文化的流动人口的城市融合。以下就深圳的城市融合具体政策介绍几个主要方面：

1. 户籍政策。深圳从 1992 年起开始针对特区内的本地农业户口居民转换户籍性质——即转变为城市户口性质，2003 年才开始将特区外的农民转变为市民，到 2004 年完成了所有本地农民的身份转换。而对于非深圳户籍的外地农民，则迟迟没有公平的待遇，只有个别非常突出的精英才能转为深圳户口，这严重挫伤了外来农民工的积极性。为了增强深圳的吸引力和活力，2008 年 8 月 1 日，居住证制度开始在深圳市全面推行：即无论是本地人还是外地人、无论是城市户口还是农村户口，只要是在深圳有固定住所和稳定收入的我国公民均可办理居住证。拥有深圳居住证的公民在部分待遇上均公平对待。

2010 年 6 月 7 日，广东省的户籍制度改革允许农民工积分入户城镇，原则上农民工只要积满 60 分便可申请入户，而且其配偶和未成年子女可以随迁。到 2010 年 11 月，广东省已有广州、中山、东莞、佛山、深圳、肇庆、惠州、江门、清远等九市制定了农民工积分制入户政策，深圳 2010 年积分入户工作也已于 10 月 15 日下达入户指标，并最后确定 2010 年度深圳积分入户分值为 100 分，拟向 15915 名申报者中最高的 3227 人下达入户指标①。

2. 社会保障政策。由于深圳的户籍人口与非户籍人口严重倒挂，深圳市政府很早就开始将农民工纳入社会保障的范畴，尤其是在 2006 年以后，政府实际行动非常密集。

在医疗方面，2006 年 6 月深圳推出全国首个《劳务工医疗保险办法》，涵盖所有在深圳工作的居民。2008 年深圳市又出台《深圳市社会医疗保险办法》，明确所有与企业建立劳动关系的农民工都要参加医疗保险，包括门诊和住院医疗两部分。该医疗保险又分为三种类别：综合医保、住院医保和农民工医保，劳动者可自由选择一种医保参加，并具有二次选择权，也可转移到外地，只是社会统筹部分不能转移。截至 2009 年 1 月底，参加医保的农民工达 581.36 万人，其中大部分选择了第三种类型。

在养老保险方面，2007 年深圳修订了养老保险的有关法规，放宽了非深圳户籍的务工者享受养老保险的条件。在开始实行居住证制度试点的地区，规定持有 10 年长期"居住证"的居民将被纳入社会保障体系。

---

① 《广州日报》：《逾 6 万粤外来工积分入户》，http：//gzdaily. dayoo. com/html/2010 – 11/17/content_1188418. htm.

2010 年，深圳又首次将非户籍居民纳入社会救助政策范围，并称为"第二条保障线"；2010 年深圳非本地人口参加本地社会保障的人口数排名全国第一。

3. 子女义务教育政策。2002 年以后，在深圳的农民工子女允许进入公办学校接受义务教育，但是在实际操作中却因各种原因使他们很难进入公办学校，大多数农民工子女还是进入了民办学校或农民工子弟学校。2007 年深圳市的居住证制度开始试点，明确持有居住证的居民子女可以在深圳接受义务教育，但并没有明确是否收借读费和办学经费的负担问题。直到 2008 年《国务院关于做好免除城市义务教育阶段学生学杂费工作的通知》要求城市公办学校对农民工子女免除学杂费不收借读费，但该通知并没有涉及农民工子弟学校和民办学校。深圳的农民工子女在公办学校就读的比例仍然低于 50％，且深圳没有对民办中小学或农民工子弟学校提供财政补助，在这些学校就读的农民工子女也没有得到政府补助。另外，在公办中小学就读的农民工子女的经费补助也很少由省和高级政府提供。总之，深圳对农民工子女义务教育的财政支持力度还远远不够。

4. 住房政策。深圳的农民工一般以散居为主，住房一般是租赁性质。由于深圳市是一个大型的移民城市，语言、文化都呈现出多元性，也正因为此，深圳市以普通话为主要交流语言，对外地人的歧视也较小。所以，农民工散居并不影响他们的社会交流和社会归属感。

政府对农民工住房的优惠支持一般不会给予农民工个人以住房支持或补助，更多体现在支持用人单位建设职工宿舍楼、小区等方面，政府划拨土地给用人单位或者是优惠出让土地。另外，政府还与当地房地产开发商达成协议，廉租房用地与商品房用地可以捆绑出让，政府只支付廉租房的开发成本，其余则由开发商为政府免费开发。除此之外，深圳还在经济适用房政策方面作了革新，其经适房是政策性质的而非商品性质的，这样，业主其实只拥有其有限产权，一方面，可以在价格上给予需求者一定程度的优惠；另一方面，也能防止非真正需求者占用有限的资源。2008 年深圳市关于《深圳市住房保障条例》（草案送审稿）明确了应将深圳市的非户籍人口纳入城市住房保障体系，但这条路仍然任重而道远。

二、宁波

宁波是浙江省的副省级城市，计划单列市，是东部沿海地区的改革先行区。作为浙江的三大经济中心①之一，宁波港是中国货物吞吐量第一大港口。近年来，宁波经济发展迅速，是长三角地区吸纳农民工速度最快的城市。宁波全市9635平方公里，2009年年末常住人口中，户籍人口为571.02万人，登记的暂住人口为393.78万人，两者的比例约为59.2∶40.8；在2001～2009年，宁波市的暂住人口平均每年增加36.47万人②，且这些外来暂住人口多是从浙江省外流入的。

宁波市的第二产业和第三产业中，外来人口数占总就业人数的60%以上，特别是在劳动密集型行业外来人口占到80%；而在集装箱、卡车运输和环卫工人的队伍里，外来人口占比竟达到90%③。由于宁波市的外贸依存度很高，近几年在金融危机的影响下，农民工的就业遇到了较大的冲击。但从总体来看，这些并不影响宁波市的城市化进程。

宁波市的城市化进程与我国的城市化总体发展历程大致上相同，也可以分为改革前与改革后两个阶段。2000年以后，随着社会各界对农民工待遇问题的关注，宁波市也开始认识到外来工对宁波市的贡献以及他们对宁波市和谐社会构建的重要作用，于是采取各项政策、在各个领域内保障农民工的权益。

（一）营造融合的社会氛围

宁波政府在全市范围内制造融合的舆论导向，并送出政府最深切的人文关怀。从2004年开始，宁波在对外媒体宣传中已经不再用"农民工"、"盲流"、"流动人口"这样的称呼，而是改用"新宁波人"、"外来务工人员"④，迅速拉近了外来人群与本地居民的距离。另外，从2004年起，连续四年由市人保局、市总工会和《东南商报》联合推出了"关爱农民工、促进新老宁波人和睦相处、共建和谐宁波"的大型宣传活动，这些活动都让近400万名新宁波人感受到了宁波政府的关怀。2007年年底，宁波市正式将每年12月的第一个星期天定为"宁波外来务工者节"。

（二）户籍制度改革

从1992年年底，宁波就开始实行"蓝印户口"政策，即住房达到一定面

---

① 浙江的三大经济中心为：杭州、宁波和温州。
② 宁波市人口和计划生育委员会编：《2009年宁波市人口发展报告》，www.zzhz.com.cn。
③ 崔传义、肖俊彦：《创新农民工服务管理的新模式》，《中国产业经济动态》2009年第12期。
④ 以上这五个称呼在本节关于宁波的介绍中不做区别。

积，缴纳城市增容费后可在宁波区落户。随后，根据《小城镇户籍管理制度改革试点方案》的要求，宁波在 12 个镇做了试点。1998 年落实了未成年子女随父母自愿落户的政策，使"留守儿童"问题得以缓解；1999 年在解决夫妻投靠的基础上，又解决了老年投靠的问题，部分缓解了农村"留守老人"难题；同时，宁波不同区域内的户口自由迁移政策得以放宽；1999 年以后，就逐步完善了引进优秀人才的落户政策，包括人才的学历、就业、审批手续等方面。另外，宁波正在开展外来务工人员的积分落户工作试点，与广州、深圳等地同处在改革前沿。

（三）出台"一揽子"政策文件

2007 年宁波市外来务工人员服务管理工作领导小组，针对外来务工人员最迫切的需求出台了"1 + 15"模式的政策组合。其中，"1"代表一个综合指导性文件，即 2007 年的 15 号文件《关于加强外来务工人员服务与管理工作的意见》；"15"表示维护合法权益、就业服务培训、劳动合同、工资支付保障、职工的安全与健康、社会保险、房屋出租服务、子女义务教育、公共卫生、计划生育、优秀外来务工人员落户、治安与维权、流动党员服务、法律援助等。以下就文件中的重点作简要介绍：

1. 社会保障体系。2008 年 1 月 1 日起开始实施的《宁波市外来务工人员社会保险暂行办法》，针对农民工流动性大、收入低的特点为农民工设计了一个"社保套餐"，该套餐有以下几个特点：一是险种全，套餐包括了五个险种，用人单位和农民工个人没有险种的选择权。二是覆盖面广，宁波各种类型的单位都适用此办法，强制性推行应保尽保，且社会保险费由地方税务部门负责向用人单位征缴。三是个人不缴费，社保费由用人单位缴纳，农民工参保是"零负担"，特别是在当前农民工待遇普遍偏低的情况下，这种"零负担"其实是一种补偿。四是低费率，用人单位的缴费基数和比例都是低水平的。五是差别待遇，除了工伤保险、生育保险和大病医疗保险待遇与城镇居民相同外，其他待遇与城镇居民相比要低。当然，员工也可以与用人单位协商，选择参加"社保套餐"或者是城镇社保项目。

2. 子女义务教育。宁波从 2000 年开始高度关注农民工子女的义务教育问题，并迈出了实质性步伐：设立公办、民办、国有民办以及在公办学校随班就读等形式接收农民工子女入学；自 2006 年起，宁波政府在农民工子女义务教育方面投入了更多的经费支持。例如，在公办学校上学的农民工子女免除学杂费和借读费；将民办的农民工子弟学校纳入教育发展规划，并将其逐步公办化；加强公办学校对民办学校的帮扶，派遣有经验的人员到民办学校任职；对民办学校的老师进行培训，等等。在义务教育结束后，由于多方面原因，很多农民工子女就此停学了，这不利于其向上流动，于是，宁波鼓励他们的子女就读职业高中，并由企业提供学费。这种"双元制"的职业教育既不耽误学习也不耽误工作，很受农民工欢迎。

3. 就业与权益保障。在就业公共服务的提供方面，宁波政府着力建立供求信息联网，并且将网络节点延伸到街道和社区这样的基层单位，力求完善劳动力市场，为外来农民工提供就业指导以及职业介绍等服务，而且是全程免费的。另外，政府还鼓励民办职业机构为他们介绍工作，凡是经过政府认证的、成功地帮助一名劳动者找到工作并签订一年及以上劳动合同的，政府将补贴给该职业介绍机构。

在职业技能培训方面，宁波政府直接给予外来农民工以职业技能培训补贴，150~300元不等。除了实体的培训之外，宁波政府还建立了第一个外来务工人员培训网站。为了激励农民工终身学习，政府还对获得技能、执业资格证书以及高、中技能的农民工给予奖励。

在农民工工资拖欠问题上，宁波政府直接实行工资清欠目标考核制度，为宁波的企业建立信用记录，还为农民工建立工资保障金，一旦发生恶意拖欠工资事件、农民工工资无法追回的情况可以从保障金中列支。政府鼓励并推广劳资双方的充分沟通与协商。

4. 住房。宁波政府大力推行"安居工程"，着力改善外来务工人员的居住条件。2006年宁波政府出台了《关于加快外来务工人员集中居住区建设的意见》，在全国范围内第一个提出，计划连续3年每年安排500亩的专门用地建设外来务工人员的住宅，目标为2010年宁波市外来务工人员的集中居住率达到50%。截至2009年6月，就已经建成超过3000万平方米的外来工公寓楼①，有百万个外来工进住②。但对于优秀外来务工人员，则是将其纳入城市住房规划，着重以廉租房为重点、辅以经适房等多层次城镇住房保障形式；另

---

① 这种集中公寓楼多以企业集体宿舍、工业区配套公寓和村镇集中居住点为主要形式。这不仅改善了农民工的居住条件，而且提高了土地的利用效率，在一定程度上破解了城市管理难题。
② 宁波网：《打造"安居工程"百万外来工住"公寓楼"》，http：//news. 163. com/09/0606/08/5B455TB50001124J. html.

外，可以将优秀外来务工人员纳入住房公积金制度。

三、重庆

重庆地处我国西南，是我国中西部地区唯一的直辖市，是我国政府实行西部大开发的开发地区以及国家统筹城乡综合配套改革试验区。重庆市面积约为82400平方公里，1997年升格为直辖市时，城镇化率为31%。而2009年全市城镇化率则为51.6%[①]。可见，重庆市的城市化进程这几年处于快速发展期，但如果要按城镇户籍人口占总人口的比重来衡量，则重庆的城镇化率则只有29%[②]。

重庆又被称为"微缩版的中国"，集大城市、大农村、大库区和少数民族区于一体；城乡差距大、区域发展不平衡，城乡二元结构特征非常明显。因此，重庆的发展既不同于苏南地区的内生模式，也不同于深圳的外生模式，它是综合模式，是中国发展的一个缩影。

（一）重庆的城市化进程

重庆的城市化进程与该市的经济发展阶段密切相关，同时，也与发展政策紧密相连。总体来看，重庆的城市化率表现为上升趋势，与全国的城市化率变化趋同。其最重要的转折点主要有两个：一个是1997年3月14日，重庆被正式批准为直辖市，其城市化水平显著提高；另一个是2010年7月12日，重庆通过了《重庆市统筹城乡户籍制度改革意见》及《重庆市户籍制度改革配套方案》，从此重庆以户籍人口计算的城市化率快速上升。

1. 第一阶段：缓慢发展期（1997年以前）。1997年以前，重庆隶属于四川省，由于四川省是农业大省，是我国人口第一大省，因此其城市化进程推进非常缓慢，平均每年仅增加0.2个百分点左右，一直到1996年年底，其城市化率也只有29.5%。

2. 第二阶段：发展提速期（1997~2010年）。自1997年重庆正式被批准为直辖市，重庆市调整了发展战略，国家一系列的优惠政策效果开始显现；另

---

① 重庆市统计局：《重庆统计年鉴2010》，http：//www.cqtj.gov.cn/tjnj/2010/yearbook/index. htm。该城镇化率是按常住人口来计算的，而不是户籍人口。

② 《中国经营报》：《中国最大规模户籍制度改革启动》，http：//finance. sina. com. cn/roll/20100731/03118398415. shtml。

外，2000 年我国正式开始了西部大开发，而重庆是我国的西大门。由于这些政策的作用，重庆市的经济增长开始提速，产业结构开始优化，重庆市政府大力发展生产加工产业，吸引了大量的农村剩余劳动力。重庆市的三次产业发展总体结构趋于优化，第一产业比重不断下降，第二产业比重总体趋于稳定，第三产业则平稳上升。但是，重庆的农业人口基数太大，且农业经营方式粗放，城市化率并没有出现井喷式的增长。1997 年，重庆的城市化率首次突破 30%，达到了 31%，12 年后其城市化率为 51.6%。具体的各年数据如图 3 – 1 所示。

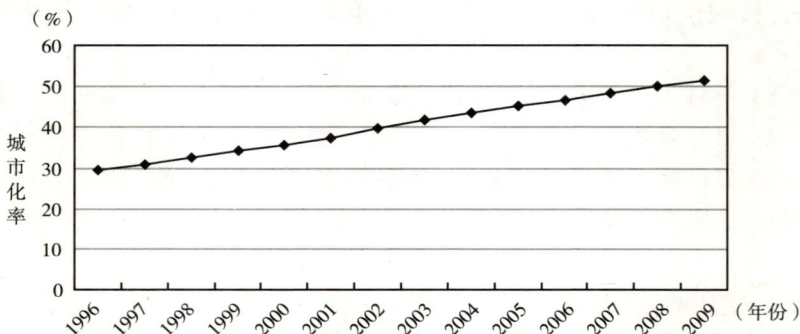

图 3 – 1　重庆市各年城市化率

注：其中的城市化率是依据城镇的常住人口数与重庆总的常住人口数之比计算的，不是按户籍人口计算的。

资料来源：依据重庆市统计局：《重庆统计年鉴 2010》，http：//www.cqtj.gov.cn/tjnj/2010/year-book/index.htm.

3. 第三阶段：高速发展期（2010 年至今）。2010 年 7 月 12 号，重庆通过了《重庆市统筹城乡户籍制度改革意见》和《重庆市户籍改革配套方案》，计划于 2010 ~ 2011 年，有重点地推进部分农民工转为城镇居民，并解决户籍历史遗留问题，新增约 300 万名的城镇户籍人口。争取在不到两年的时间内，城镇户籍人口比重增加 8 个百分点；计划于 2012 ~ 2020 年，通过系统地规划设计再新增城镇户籍人口约 700 万人，使城镇户籍人口的比重增加 23 个百分点，即上升到 60%。因此，2010 年以后重庆市的城市化发展侧重于户籍制度改革，使城镇的常住人口成为真正的城镇户籍人口，解决他们的后顾之忧，注重农民工的城市融合。

（二）重庆的城市融合政策

重庆的城市化进程带有较强的政策色彩，且重庆的农民工多是本地农业户籍。根据重庆市统计局 2007 年在全市范围内 1% 的人口抽样调查数据可知，2007 年全市外出至重庆务工的人口数为 468.22 万人。相比之下，该市全年来自其他省份的农民工约为 74.22 万人。即，重庆向全国净输出农民工 394 万人。在这种情况下，重庆市的城市化主要侧重于对本地户籍的农民工城市化。重庆市的城市融合政策首先从户籍开始，转户成功后享有与城镇居民相同社保、住房、医疗、义务教育等待遇。

1. 户籍政策。前文已提到，重庆市按户籍人口计算的城市化率直到 2010 年户籍制度改革全面启动以前只有 29%，可见，重庆一直都实行着严格的城乡二元户籍制度，住房、社保等市民待遇也只有城镇户籍的人口才能享受。直到 2010 年 7 月这一局面才得以"破冰"，户籍改革全面启动，启动当天就有超过 10 万人咨询入户条件。改革意见中不管是短期目标——300 万人的入户问题，还是中长期目标——700 万人的入户问题，都只是针对本地户籍的农村人口开放，没有涉及外省来重庆的农民工户口问题。另外，解决户口问题是分区对待的，在主城区、远郊区县和乡镇的条件是不一样的。

当然，户籍转变为城市户口并不等于农民工就融入了城市。重庆市考虑到农民有可能不能适应城市的生活，制定了一个缓冲政策，即"三年过渡三项保留"：转户的农民可以在 3 年内保留宅基地、承包地的使用权和收益权，另外，林地使用权、计划生育政策以及农村各项补贴这三项权利仍然保留。

2. 社会保障政策。农民工在城市生活的最后保障线是"最低生活保障制度"，大多数农民工在非正规就业部门工作，他们最需要的是最低生活保障，而重庆市的当前规定是：只有城镇户籍人员，在失业以后，符合城市居民最低生活保障享受条件的，才能领取，而且是只能在户口所在地申请享受。这对于在重庆务工的农民来说有失公平。

在农民工的养老保险方面，2007 年 5 月重庆制定了专门针对农民工群体的养老保险办法。但是，至 2008 年 10 月，重庆参加养老保险的农民工只占农民工总量的 4.37%[①]。一方面，是因为农民工的流动性使他们对养老保险的需

---

① 周振、谢家智：《重庆市农民工养老保险现状及其思考》，《金融理论与实践》2009 年第 4 期，第 105～108 页。

求不如最低生活保障那么迫切。另一方面，该养老保险制度设计存在缺陷：第一，该险种只设置了个人账户，并不是标准的"统账结合"模式，这样做有一个好处就是在农民工工作流动时，账户的转移相对要简单，避免了统筹账户无法转移的困境；但也有缺陷，这样的设置使得农民工的养老保险单独成了一个体系，可能造成农民工在身份转变时养老保险关系的转移接续困难，也可能造成另一种变相的歧视。第二，个人缴费比例和企业缴费比例分别为5%和10%，这样虽然减轻了农民工的缴费负担，但是企业的缴费比例与城镇职工基本养老保险相比差距很大，这会对劳动力市场造成冲击，企业更愿意招用农民工人。第三，地方政府对个人账户不予任何补贴。这样做的好处就是当农民工养老保险账户要转出重庆时，地方政府不会因为利益问题而强加阻拦；但农民工的养老保险待遇会因此很低，没有地方政府的补贴，相当于农民工不能分享自己在当地创造出来的劳动果实。第四，在设计的时候，没有对企业不按规定为农民工缴纳养老保险的情况做出硬性的具体约束。重庆的养老保险政策针对不同的人群分成了四块：被征地农转非人员养老保险、城镇企业职工基本养老保险、城乡居民社会养老保险以及农民工养老保险。目前这四块缺乏相应的转移衔接办法，还不能实现不同块之间的顺畅转移和有效衔接。这些工作都将在重庆的户籍改革启动后全面铺开。

在失业保险方面，2003年重庆出台了《重庆市失业保险条例》，其中包括了农民工的失业保险规定，农民工个人不缴纳保险费，全部由用人单位缴纳，这样，农民工的失业保险待遇比城镇职工要低；享受的条件为用人单位至少缴纳保费一年，且必须是合同工，领取待遇时必须去单位的投保地申请。这在一定程度上缓解了农民工的失业风险，但没有考虑到农民工流动性较大的特点，用人单位连续缴一年的保费不太现实，且大多农民工就业没有签订劳动合同。

3. 住房保障政策。2010年的4月和6月，中央有关部委先后发布了《关于加强廉租住房管理有关问题的通知》和《关于加快发展公共租赁住房的指导意见》，重庆市委根据这些精神，于2010年6月底发布了《中共重庆市委关于做好当前民生工作的决定》：在两年半的时间内，解决一些与民生紧密相连的问题，其中就包括住房问题；三年内建成3000万平方米的公租房，加上其他一些住房保障性措施，来解决城镇人口中30%的中低收入人群住房难题；租房租金是同等地段、同等质量的商品房的60%及以下。

2010年7月29日户籍制度改革宣布启动，同一时间，重庆住房保障局也正式挂牌成立。重庆户籍改革方案里明确规定，转户农民可申请入住政府兴建的公租房，条件成熟时还可以购买。为了防止损害农民利益，防止农民流离失所，防止出现城市贫民窟，重庆允许转户农民最长三年内继续保留宅基地、承包地的使用权及收益权。另外，重庆还通过建设转户农民集中居住小区、农民工公寓等形式，保障户籍改革中转户居民都"住有所居"，保证改革的顺利进行。

简要地总结以上三个城市的城市化和城市融合特点：第一，深圳。经济发达，第一个实现了"无农民"；是我国吸引农民工最多的城市，且本地户籍与外地户籍人口严重倒挂；深圳的城市规模效应明显，各种生产要素的集聚和配置优化良好；深圳是一个典型的移民城市、"大熔炉"，多元的文化使得深圳的歧视现象较少，整个社会的融合环境较好；政府很早就开始将一些公共服务与户籍剥离开来，且有公共财力的支撑政府提供的公共服务较好。第二，宁波。其城市规模效应不如深圳市明显，但其乡镇企业星罗棋布、十分发达，吸纳了大量的农村剩余劳动力，使得宁波市成为长三角不可忽视的经济力量；宁波的工业化与城市化都在规模方面受到局限，未能完全发挥；政府营造了良好的外来务工人员的融合氛围，出台了一揽子文件来保障外来工的各种权益，且很多都属于全国首创。第三，重庆。重庆素有"中国的缩影"之称，其外部政策环境非常好，直接促进了它这几年的经济高速发展和城市化的快速推进；重庆的农民工绝大多数是本地农村户籍；重庆的城市化高潮的掀起是从2010年大规模户籍制度改革开始的；政府提供的各种公共服务和福利跟随在户籍之后。

综上所述，深圳、宁波和重庆的城市化进程都非常具有代表性。它们的共性在于：城市化进程既与经济发展阶段有关，也与国家和地方的发展政策紧密相连。例如，深圳、宁波等沿海城市因为经济发达所以要比内地的城市化水平高；但他们的城市化均带有政策性因素：深圳是最早的经济特区，宁波是浙江沿海的副省级城市，而重庆是西部地区唯一的直辖市和国家统筹城乡综合配套改革试验区，这些特殊的政策赋予了它们很多优惠的发展条件和特殊的吸引力，直接促进了它们的城市化进程。

第四章　新生代农民工城市融合的影响机制

学术界对社会融合的研究一般分为三类：第一类是分析社会融合对相关社会问题的影响与作用，例如，杜尔克姆（Durkheim，1951）研究了社会融合程度对社会自杀率的影响，认为社会融合状况差的个体，自杀的可能性就越大。第二类是研究影响社会融合的相关因素，也即分析这些因素是如何影响社会融合的程度。例如，李树苗、任义科、靳小怡和费尔德曼（2008）等，认为社会支持网络是社会融合的关键影响因素。第三类研究是研究社会融合本身，考察社会融合表现在哪些方面，并关注不同群体之间的融合，包括不同城市地区，不同国家的群体。例如，任远和乔楠（2010）认为社会融合主要体现在流动人口感知的社会态度、与本地人的互动、对城市的态度和对自我身份的认同等几个方面；张文宏和雷开春（2008）通过对上海新移民的研究，认为社会融合体现在心理、身份、文化、经济四个方面。本书主要是在前述研究的基础上，将这三类研究进行综合，提出了关于新生代农民工城市融合相对完整的分析框架。本章则围绕上述分析框架，主要论述新生代农民工城市融合的影响因素和影响后果，并对基本公共服务均等化这一因素进行单独阐述，但关于新生代农民工城市融合的表征以及指标的选择与测量则在第五章实证部分予以论述。

第一节　新生代农民工城市融合的一般影响因素

影响新生代农民工社会融合的因素有很多，很多专家学者都提出了性别、年龄、婚姻状况、受教育程度、收入状况、居住时间、职业或社会地位、户籍、歧视等因素，可见社会融合的前因变量之复杂，用简单的分类方法是不易将这些前因变量囊括完备的。本部分提出了以下六大方面的影响因素，并简要介绍了其各自的影响机理。

一、个人特征因素

（一）性别

在前人的研究中，有学者将"性别"这一因素当作控制变量，认为它的影响不显著（张文宏和雷开春，2008）；也有学者将"性别"作为自变量，认为女性比男性更易融入城市（许传新，2007）。一般而言，这种差别可以从以下两个方面来解释：一是流入地城市的产业结构决定了用工需求。沿海发达地区多生产加工类企业和新兴 IT 类企业，这些企业中的流水线作业以及电子操控等对女工的需求相对更多，因为女工一般心细且有耐心。因此，这些产业中可能女性农民工比男性更易融入城市。二是中国的传统习俗决定了社会对男性的要求要高于女性。在一般的社会交往中，如果女性的知识积累、社会阅历、操作技能等方面稍差一些，社会会表示理解和接纳；而男性如果在这些方面表现出低素质，则社会一般会表示歧视。再加上社会传统一般要求男性性格应内敛、严肃，因此，女性一般会比男性更外向更活泼，这些都造成了男性比女性要存在更多的城市融合障碍。

（二）年龄

年龄对农民工的城市融合有着显著的影响。一般认为，年龄越大，越不利于其城市融合（邓大松和胡宏伟，2007）。首先，年龄越大，越不能适应城市的生活。城市的生活方式与农村的生活方式截然不同，新生代农民工要融入城市，必须能够适应城市的风俗习惯和生活方式，否则会影响其流入地城市的交际圈。然而，随着人的自然年龄的增大，人们对新事物的接受和理解能力会变差。因此，大龄的农民工总是怀念家乡，不如年轻农民工的适应能力强。其次，年龄越大，对城市的职业就越不能胜任。一般而言，农民工在城市的就业多在苦、脏、累、险、毒行业，就业环境、生活环境均比较差，劳动强度较大，缺乏必要的劳动保护，因此，这些行业基本上就是吃青春饭，年龄稍大一点就承受不住。另外，由于缺乏必要的培训，农民工的技能方面进步有限，从事技术含量高的行业也不太现实。因此，年龄越大，就业方面的城市融合就越差，就越想返回农村。最后，年龄越大，在当前的环境和条件下，对留在城市的未来预期就越差。随着年龄的增长，农民工会倾向于认为将来的发展空间越来越小，在一无关系二无平台的情况下，他们对未来的预期会倾向于悲观。因此，其融入城市的可能性也就更小。

（三）婚姻状况

婚姻状况也会影响新生代农民工的城市融合（邓大松和胡宏伟，2007）。一般，未婚的农民工在城市的融合度更高，原因主要有以下几个方面：一是未婚农民工一般年龄较小，他们对城市的适应能力一般要强于年龄大的，且年龄小的农民工在体力、精力方面更加旺盛，也就更受到加工类用人单位的青睐。二是未婚的农民工没有家庭的牵绊，更有可能长期留在企业内，这样，用人单位在其身上的人力资本投资也更有可能收回，用人单位也就更愿意投资。三是未婚的农民工来城市的目的与已婚的农民工是存在差异的。大部分已婚男性农民工，其妻子和儿女都在远方，使得他们来城市的目的很大程度上就是赚钱补贴家用，根本无暇享受城市生活，在城市也没有归属感，他们心目中"家"就是远方的妻儿。基于上述原因，已婚的农民工更难融入城市，当然，如果是举家搬迁至城市，则家庭方面的因素影响会减少，但由于要养家，他们还是会倾向于以挣钱为目的，且闲暇时间也会用于家庭，缺少与本地人沟通、交流的机会。

（四）生育状况

生育状况与婚姻状况对新生代农民工的城市融合影响相似，已经有儿女的新生代农民工比还没有生育的农民工负担要重，当然子女数量越多负担也越重，生活压力越大，就越难以融入城市。即使是1980年出生的新生代农民工目前也只有30多岁，在财富与经验积累都不是很足的情况下，负担子女特别是在城市养育子女成本占其收入的比重相当大。尤其是在当前城市的教育公共服务还没有完全对农民工放开的情况下，在城市养育子女的教育成本颇高。

（五）在流入地居留时间

在流入地居留时间是指新生代农民工在该流入地城市居住生活的时间长短，一般认为，在流入地城市居留的时间越长，就越容易实现城市融合（周莹和周海旺，2009）。首先，在城市生活体验的时间越长，了解和接受的城市生活方式就越多，就越容易实现城市融合。其次，在城市生活居留时间越长，就能积累越多城市生活所必需的劳动经验、生存技能、方言听说①等人力资本，自然也就越容易融入城市。最后，农民工在城市居留时间越长，则以前在其他地方（如在农村或在学校）积累的人力资本才会更多地转化为城市生活所需要的能力。知识转化为技能是需要时间和条件的，新生代农民工进入城市并不是两手空空，而是携带着进城前积累的知识和经验，虽然有些不能直接在城市生活中应用，但可以转化。因此，新生代农民工在流入地城市的居留时间越长，就越有可能融入城市，其融入的意愿也会随之增强。

（六）人力资本状况

农村劳动力的供给与城市部门的劳动力需求在文化、知识、技能方面的错位，阻碍了农村劳动力向城市转移，也严重影响其在城市的社会融合。一般来讲，新生代农民工的人力资本越强，越有助于其城市融合。因为人力资本越强，一方面更容易获得就业机会，也更容易取得相对稳定的收入；另一方面又更容易接受城市文化和观念，并能更好地与当地居民交流与互动，融入其中承担市民义务进而得到市民认同，最终实现城市融合。

1. 教育、培训和工作经历。教育、培训和工作经历，是农民工人力资本积累的重要方式，对他们在城市长期的生存、生活和发展影响重大（任远和邬民乐，2006；张蕾和王桂新，2008）。人力资本的提升，除了正规化教育，职业培训具有非常重要的意义。我国农村长期落后的生产和生活环境决定了在大多数农民工身上仍带有一些落后文化，如对契约关系的不适应、对法制的淡漠等，部分人还可能不守合同，个人信誉较低，更加激起本地居民的反感情绪。因此，在当前我国经济发展迅速、新兴产业不断涌现的大环境下，应加强对农民工个人素质和技能的培训，以满足社会对劳动力的素质越来越高的要求，不断拓宽他们的就业领域，减小他们的就业难度。只有不断鼓励新生代农民工在城市接受再教育和继续教育，提升其人力资本，才能增强其在劳动力市场上的竞争力，并为其融入城市社会提供可能性。

2. 健康状况。一个人的健康水平也是人力资本的组成部分。一般而言，健康水平越高，就业机会就会越多。特别是农民工群体，他们所从事的行业一

---

① 方言是一种工具，外来农民工掌握所在城市的方言可以更好地在私人领域实现融合。因为语言是联系周围人群的桥梁和纽带，也是协调群体成员行动一致的工具。要实现社会融合，这种建立在语言识别和认同基础上的交流和互动必不可少。

般技术含量不高，但需要较好的体力，这样，健康状况对于他们的就业来讲至关重要。

3. 方言掌握情况。前文已有论述，方言的听说能力也是一种人力资本，且在流入地城市居留时间越长，这种人力资本积累会越多。

4. 人力资本对城市融合的影响还需要考虑劳动力市场的健全程度。在统一的、公平的、竞争性的劳动力市场上，人力资本越强，越有利于农民工城市融合。但现实中仍然存在着人力资本状况和城市融合状况没有呈现出应有的正相关关系。例如，在非正规就业市场中，新生代农民工的人力资本回报率仍然很低，与同城市的本地居民（拥有相同教育经历的）相比，同样的人力资本投资，却得不到同样水平的劳动报酬，自然会影响其城市融合的进程。这种现象的深层次原因在于我国的劳动力市场被人为地分割成二元结构，这样，人力资源就不能得到合理的配置，拥有高人力资本的农民工能力与岗位不匹配，劳动与工资不匹配，进而影响其生活质量和人际圈，最终阻碍了其城市融合。

5. 需要强调的是，农民工的人力资本状况不仅能通过影响其就业与收入并最终影响其城市融合，而且还能通过影响其社会关系网络最终影响城市融合。"人以类聚，物以群分"，有相似人力资本的人更容易走到一起。而新生代农民工的人力资本普遍不高，为了不在城市迷失方向并增强归属感，他们会寻找同质文化，寻找城市里的老乡。由此，他们在找到心灵归属的同时，却增加了与城市居民的社会距离。

（七）居住情况

新生代农民工在城市的居住情况可分解为以下几个维度：集中居住还是散居，与家人共居还是独居，居在市区还是郊区，在城市有无房产，这几个维度对城市融合均有一定的影响（罗仁朝和王德，2008；黄英，2008；李涛，2009）。

1. 集中居住的新生代农民工更容易在城市找到归属感。因为居住在自己周围的人都是跟自己社会地位、背景阅历、经济状况、生活方式相近的人，且多为老乡，这样，相处起来更加容易，交流也方便。但正是农民工这种相当集中的居住，使得他们与当地居民的空间距离增大，从而导致心理距离和社会距离的增大，这样不利于他们的城市融合。相反，散居就能提供更多的机会使农民工与同乡、同事之外的社会关系网络接触，促使他们更多地了解和参与城市生活。

2. 与家人共居的农民工在城市更有家的感觉，对城市印象更好。但独居并不必然导致新生代农民工没有城市归属感，也可能正因为独居，所以有更多的时间和精力去建立邻居关系等，因此这个维度对城市融合的影响可能还要取决于其住房的性质和位置。

3. 居住的地理方位会影响新生代农民工的城市融合。居住在偏远郊区或封闭工地的农民工，一般享受不到城市的图书馆、运动健身器材、公园绿地等公益文体设施，生活相对比较单调，而且基本也接触不到本地居民，这些都会阻碍其城市融合。居住在市区的农民工则有更多的接触本地居民的机会，能更多地参与社区活动与社区管理；且居住小区的生活方式与管理模式对农民工的生活方式也会产生潜移默化的作用，并为其最终融入城市提供重要的学习、过渡阶段。

二、就业情况

就业是民生之本。新生代农民工要在城市生存、发展，并最终融入城市社会，首要条件是在城市找到谋生的职业；有了相对稳定的工作之后，才会有相应的经济收入和社会地位，才会慢慢形成与本地居民相近的文化、价值观。由此可见，新生代农民工城市融合最基础的层面是经济层面，而经济层面最首要的是就业，就业直接与经济收入和社会地位相关（陈世伟，2007；王章华和颜俊，2009）。

（一）就业的部门

我国存在城乡二元劳动力市场的分割现象，农民工进入城市随即又产生了城市内部的二元劳动力市场分割，即城市内部也出现了首属劳动力市场和次级劳动力市场。根据第二章的二元劳动力市场理论，首属劳动力市场对劳动力的知识、技能等要求较高，这样使其具有了排他性；而次级劳动力市场则对劳动力的人力资本要求相对较低，该市场是开放的、竞争的，工资水平由市场的供求关系决定。

因此，在首属劳动力市场上就业的新生代农民工，人力资本相对较强，工资收入相对较高，生活条件相对较好，他们更容易实现城市融合；而在次级劳动力市场上就业的农民工收入较低，较难融入城市生活，甚至由于劳动技能的缺乏而找不到工作，或者由于城市产业结构的大规模调整而很快成为失业人员。

在生存的考验下，没有市场竞争力的农民工大多进入了城市非正规就业部门[①]。非正规就业的基本特征可以概括为以下三个方面：雇用关系、政府监管和就业效果。正规就业部门往往由于对劳动力的需求不足而且条件和门槛很高，缺乏竞争力的新生代农民工很自然就流入了非正规就业部门。在非正规就业部门就业，劳动关系不稳定，劳动保障不可靠，政府监管不到位，致使最后就业的收入很低，仅能维持农民工的基本再生产，故而严重影响了农民工的城市融合。

（二）劳动合同的稳定性

很多农民工并没有与用人单位签订劳动合同，这种基本的法律意识缺失，导致他们不重视甚至不知道通过劳动合同等合法途径来维护自己的合法权益。然而，劳动合同的稳定性却关系着新生代农民工收入的稳定性和劳动保护的稳定性，影响农民工的人力资本积累，从而影响到农民工的城市融合。

1. 劳动合同不稳定，工作经常变动会导致新生代农民工在一个地方一个岗位上的经验积累不够，影响其人力资本的积累；另外，流动性太大也导致用人单位不愿意在他们身上进行人力资本投资，这样就造成了恶性循环，人力资本越差，越不利于他们融入城市；经常的工作变动也会影响农民工的人际交往圈的发展，最终其人际交往对象还是血缘和地缘等强关系，与同事交往、与本地人的交往不够，不利于他们的城市融合。

2. 劳动合同的不稳定，不利于新生代农民工享受城市社会保险及其他福利等。当前我国的社会保障制度还不健全，社会保障待遇的享受还与劳动合同期限的长短及稳定性有关，例如，经常换工作，有些单位福利享受不到，各种社会保险的关系转接还不是很通畅。而农民工的社会保障待遇在很大程度上会影响农民工对城市的归属感和认同感。

3. 劳动合同的不稳定，导致就业状况很糟糕，会进一步增加工作的不稳定性，形成恶性循环。劳动合同的不稳定多发生在非正规就业部门，本身就业境况很糟糕，没有福利，工资与本地居民也不同档次，这种情况下农民工与用人单位的联系就会很脆弱，于是农民工会想办法更换工作。另外，农民工"候鸟式"的往返于城市与农村老家之间，照顾家里的老小以及干农活等，也

---

① 非正规就业部门大多属于城市的次级劳动力市场。所谓非正规就业，是指那些具有非正式雇用关系、未进入政府征税和监管体系、就业性质和就业效果处于低层次和边缘的劳动就业。

会导致频繁更换工作。跳槽越频繁越不容易找到稳定的工作，由此形成恶性循环，不利于其城市融合。

（三）劳动强度

劳动强度一般体现在劳动时间的长短方面，例如，一天工作的小时数，每周工作的天数；另外，劳动强度还可以体现在单位时间内付出的体力和脑力的多少。由于新生代农民工大多都进入了次级劳动力市场甚至非正规就业部门，而这些就业部门的特点即不要求很高的技能知识，但需要很好的体力，劳动强度相当大。

劳动强度大，一方面会影响劳动者的生理和心理健康水平，从而影响其人力资本状况；另一方面会影响其闲暇时间，个人可支配时间太少从而阻碍其融入城市；劳动强度大还会带来明显的社会歧视，多数城市居民认为农民工很脏、很土，农民工自身也会认为自己低人一等，只能做这些低人一等的工作。这些想法和观念很大程度上与劳动强度有关；需要注意的是，在同等的劳动强度大小下，农民工的劳动报酬却比城市居民要低，这严重影响了农民工的社会公平感，致使他们的城市社会认同很低。因此，劳动强度的大小会影响农民工的城市融合。

（四）劳动条件

劳动条件包括劳动时间、劳动环境、劳动设备和劳动保护等。关于劳动时间在前文劳动强度里已有论述，另外劳动时间过长也说明农民工的劳动权益没有得到合法的保护。劳动环境包括劳动场所的照明、温度、湿度、色彩、噪声、空气成分等条件，任何一个要素不当都会影响农民工的身心健康。劳动设备包括劳动工具、厂房设备、生产设备等，若劳动设备使用不当，可能增加劳动者的劳动强度，或者增加劳动的危险程度。劳动保护包括各个安全措施，以防止劳动事故的发生和保证劳动者身体不受外界侵害。

三、经济收入与消费

由于我国劳动力市场的分割，新生代农民工进城后的经济活动会受到限制，一方面体现在就业的搜寻过程中，因为行业进入障碍和岗位获得障碍，他们大多只能进入非正规就业部门；另一方面体现在就业的待遇方面，即在他们能够进入的行业与岗位上，还存在工资、福利、保障、工作条件等方面的歧视性待遇（易善策，2007；钱文荣和张忠明，2006）。

按照凯恩斯的消费理论，人们的消费很大程度上取决于其经济收入；而一个人的经济收入高低则可以反映其物质生活条件、社会地位、社会交往和生活方式等。收入和消费对新生代农民工的城市融合具有显著的影响。具体体现在以下三个方面。

（一）收入的稳定性

收入不稳定首先影响基本生活的保障性。新生代农民工的城市融合包括在各个方面的融合，而最基本的是经济状况，如果新生代农民工在城市连基本生活都无法保证，也就无法融入城市。收入不稳定还会影响到新生代农民工的城市认同，在心理上认为自己不属于城市，认为城市不会接纳他们，最终也就无法融入城市了。

（二）相对收入水平

相对收入水平，即新生代农民工的收入与城市本地居民的相对值。虽然新生代农民工在城市的收入相对他们以前在农村的收入来说是可观的，但城市的生活费用也比农村的生活费用高得多，因此不能简单地看新生代农民工在城市的绝对收入。如果新生代农民工以低端劳动力市场的工资收入来承担城市生活费用①，则他们大多无力承担。

如果新生代农民工的相对收入水平能够维持他们的基本生活，而且还能够支付城市生活的其他必要支出，如子女教育、医疗费用、社会保险等，则他们更倾向于在城市定居。由此来看，新生代农民工的相对收入水平越高，城市融合的可能性就越大。

（三）消费模式

新生代农民工的成长和教育背景、从事的职业、收入水平等决定了他们的消费模式。

消费模式包括消费习惯、购物频率、购物场所、价格偏好等。例如，由于条件所限，农民工很少去购物，所去的购物场所可能环境不好，他们可能不好意思邀请条件好的本地市民一起去购物，或者本地市民邀请他们的时候他们也

---

① 城市生活费用一般由城市中等劳动力市场的工资收入所决定。

不好意思去；农民工在休闲娱乐方面的消费很少，一般不会与本地居民一起去喝茶、打球，等等。虽然新生代农民工比老一代更注重享受，但限于收入太低，无法实现与本地居民同样的消费。

四、政策性因素

新生代农民工来到城市，处处受到政策性约束。虽然他们羡慕城市生活、有主动融入城市的意愿，也已经有部分市民开始接受和认同新生代农民工的加入，但很多政策性因素仍然制约着新生代农民工的城市融合。

如果一开始在政策上就将农民工与本地居民区别对待，必定会增大两者的经济距离、心理距离。而事实上，我国新生代农民工进城首先受到的就是制度性排斥，例如，户籍制度、教育培训制度、就业政策、社会保障政策等。这些制度性的排斥严重阻碍了新生代农民工的城市融合。

（一）历史体制因素

新中国成立初期，我国实行的是严格的计划经济体制，为了快速恢复生产、增强国力，国家决定实施优先发展重工业的经济发展战略。对于城市里的工人国家实行"统包统配"、"固定工"的用工形式，在工资福利、退休养老等方面都一律平均主义，保障充分。而当时我国的粮食产量有限，城市的工人越多就意味着种粮的农民越少，而等着吃粮的人就越多。为了确保我国的工业化战略的实现，国家决定严格控制农村人口向城市流动和迁移，于是，1958年的《中华人民共和国户口登记条例》应运而生。

当时的城市和农村的生产、生活条件差距并不大。然而，国家实行"以农补工"、"重工业轻农业"的战略后，城市生活条件明显要好于农村，城市与农村两个部门的劳动生产率也拉开差距，为了方便国家管理，就在户口制度的基础上，建立了就业、社会福利、子女上学、就医、分房等制度。就此，户口制度以及建立在户口制度基础上的附加制度一起形成了如今典型的城乡二元结构。

（二）户籍制度

户籍制度对新生代农民工的城市融合有着根本性的影响。

1. 户籍制度被人们称为其他制度的母体制度，同时也是一种"社会屏蔽"制度。户口制度以及建立在户口制度之上的就业制度、子女教育、就医、分房等方面的政策使农民工被屏蔽在城市各种公共资源和公共福利之外（李伟东，2009；任远和乔楠，2010），由此新生代农民工融入城市的成本大大提升。即使他们与本地居民从事相同工种、有着相同的劳动强度，但劳动报酬却少于后者；相当一部分新生代农民工在非正规就业部门工作，劳动权益缺乏必要的保护；他们的子女入学各个城市的借读标准不一；很少有参与当地选举和被选举等政治活动的机会。

由此可见，户口制度给农民工和本地居民划分了一道明显的分界线，成为身份变更的唯一通道，阻碍了这两类人群的融合。这样的户口制度已经远远超出了人口管理的功能初衷。

2. 由于户口存在差别，工资、福利、保障方面都相应存在差距，自然给城市居民造成一种与生俱来的优越感，而给新生代农民工造成一种自卑感。社会不公平意识由此产生，同时影响城市居民和外来农民工努力和奋斗的决心，即城市居民认为他天生就享受好的生活，而农民工就命该如此。这些心理和意识严重阻碍新生代农民工融入城市。

3. 户口制度使新生代农民工社会地位向上流动受阻。因为就业制度与户口制度关联，而社会地位的变迁很大程度上取决于新生代农民工经济地位的变迁。我国的户口制度实际上是按社会身份地位来分配资源及机会，因此，在职业方面、经济方面、政治方面、教育方面、婚姻方面都会受到户口制度的影响，从而使新生代农民工很难向高层社会流动，而只能从一个落后地区流入另一个边缘社会（在城市却不被城市所接纳）。

（三）教育培训政策

我国的城乡二元体制在教育培训政策中得到了充分的体现。一直以来，我国教育不公平现象都较为普遍。国家教育经费投入都明显偏向于城市，城乡之间的教育资源差距较大，具体体现在师生比、升学率、生均经费等一些指标上。教育经费中尤其是义务教育经费，由于我国财政体制改革，城市义务教育由国家财政负担，而农村义务教育却由乡、县财政负担，在财政收入与支出负担明显失衡的情况下，很多农村教育经费投入不足。在这种投入严重不均衡的情况下，城市义务教育的师资、教学设施、相关教学器材的配备要远好于农村，教育水平要远高于农村，这就导致了农村教育水平的整体低下，农村劳动力素质的整体低下。

由于城市与农村劳动力素质高低不一，在二元劳动力市场上配置人力资本的结果即为新生代农民工多从事没有技术含量的体力活，这一现象并不是流入地城市当前所能解决的。但是，新生代农民工并不是不愿意提高自己的人力资本，流入地城市有责任为他们提供职业技能培训。一旦新生代农民工获得了较好的培训机会，便能积累其人力资本①，进而能够通过技能的提高而找到一份更好的、更稳定的、地位更高的工作。

因此，教育、培训制度通过影响新生代农民工的人力资本积累，从而影响其经济收入、思想观念等方面，最终影响城市融合。

（四）劳动力市场政策

从前文的历史体制因素分析可见，我国自计划经济年代开始就将户口制度与劳动就业紧密挂钩了，中央和地方政府长期以来已经将针对农民工的歧视政策合法化了。

1. 在就业机会方面。我国劳动力市场在20世纪90年代以前对农民工是直接的完全限制。一些行业、地区、城市，中央或地方文件明文规定不准招用农民工，并清退已经招用的农民工，根本不让农民工进入城市劳动力市场。20世纪90年代后，政策上缓和为部分限制，主要体现在对农民工的行政管理和歧视性收费方面。当前，我国政府正着力清除这些制度性歧视和收费，但改革是一个过程，牵涉到太多的利益问题，不可能一蹴而就。对于新生代农民工而言，就业机会，是其进入城市寻求生存与发展的第一步，也是其实现城市融合的第一步。改革劳动力市场，首先应实现就业机会的平等。

2. 与就业相关的待遇政策。这些待遇政策包括：工资待遇、福利、社会保障、住房、医疗卫生、子女教育等方面。这些待遇一方面受新生代农民工的工作部门、职业层次、收入高低所影响，另一方面受其所在城市的公共服务体系所影响。例如，社会保障、住房、医疗卫生、子女教育等很大程度上与政府所提供的公共服务有关，公民不论民族、身份、地位、宗教信仰都应该能得到公平的公共服务供给。这些公共服务供给不均衡势必导致流入地城市的农民工生活条件、质量受到严重影响；进一步，这些公共服务还会影响他们的下一代，使这些农民工的下一代在起跑线上就遭遇种种不平等。因此，与就业相关的待遇政策不仅影响当前农民工的城市融合，同时也影响其城市融合的代际

---

① 培训不仅可以使新生代农民工获得新的人力资本，而且还可以为其原有的人力资本提供一种有效的补充和转化方式。

进程。

3. 劳动权益的维护机制。新生代农民工的劳动权益主要体现在劳动合同的签订、劳动工资的发放、劳动安全卫生条件的保障、劳动强度等方面。当前，我国农民工的欠薪现象、加班现象等屡禁不止，他们所遭受的权益侵害也缺乏法律救济途径。这些都严重影响新生代农民工在城市的生活质量，其正当权益若得不到及时、有效的维护，城市融合也只能是一句空话。

（五）社会保障政策

长期以来，我国的城市居民与农村居民是两个完全不同的权利群体。国家对城市居民，以 1951 年的《中华人民共和国劳动保险条例》为标志，陆续建立健全了该群体在社会保障体系，但农民与农民工却一直迟迟未被纳入保障体系①。直到 20 世纪末，政府才开始着手考虑农民和进城农民工的社会保障问题。一些城市和地区已经开始推动劳动力社会保险制度一体化工程，但由于农民工的流动性特点，在制度层面、基金层面、操作层面仍难以解决其保险关系的转接并续问题，特别是跨险种跨省的保险关系转移问题。由此产生两个方面的影响：一是社会保障制度对农民工的保障功能很难充分发挥，尤其是在供大于求的低端劳动力市场上，新生代农民工除了劳动工资外几乎没有任何其他的福利保障，一旦失业，就没有经济来源；年老、生病、残疾等风险也没有任何保障。二是这种待遇上的差别直接反映了外来农民工与本地居民的身份差别，很容易造成两类人群心理上的差距，从而阻碍新生代农民工融入城市。

五、服务机构的支持

新生代农民工的城市融合除了受上述因素影响外，还有一个客观因素不容忽视——是否有专门的服务机构提供支持。这里的服务机构可以是政府性质的，也可以是社区的，还可以是社会力量举办的。一直以来，我国的农民工在城市的工作和生活主要还是依赖于强关系——血缘关系和地缘关系，专门服务于外来人口或农民工的服务机构很少见，但在个别有条件有能力的城市已有设置，例如，20 世纪 90 年代后期，我国香港地区政府资助了一批专门服务于外

---

① 在早期我国也曾尝试建立农村合作医疗和养老保险等，但政府都未在其中承担应有的责任，且随着我国经济社会环境的变迁，老的体系均已瓦解了。新的农村保障体系也是 2000 年以后才开始建立。

来迁移人口（来香港地区的时间不足一年）的服务项目和服务机构（何雪松、楼玮群和赵环，2009）。

服务机构对于新生代农民工城市融合的作用可体现在以下几个方面：

一是提供可靠、熟悉且极具安全感的环境。服务机构可以为新生代农民工提供可靠、熟悉且极具安全感的环境，通过参加这种服务机构的各种活动，新生代农民工可以增加对这个城市的认识，促进他们更加积极更有信心地投入到城市社区活动中，从而更快地融入城市。

二是帮助新生代农民工重建社会关系网络。新生代农民工可以通过参加这种服务机构的各种活动，认识新的朋友，扩大和重建自己的社会关系网络，并从网络中得到各种支持。一般新生代农民工来到一个新的城市，其原来的社会关系网络虽然可以维持，但对于其新的城市生活帮助不大。而且，新生代农民工初来乍到，一时难以找到建立新关系网络的突破口。由此，服务机构正好可以提供这一"突破口"。

三是强化就业支持服务和家庭支持服务。服务机构可以根据新生代农民工的需求进行有针对性的职业培训和就业辅导；另外，服务机构可以提供一些家庭服务，例如，儿童托管服务等，使得新生代农民工有时间和精力参与社会经济活动，既方便他们就业，也有利于他们融入城市。

四是增加新生代农民工的社会参与。新生代农民工由于人生地不熟，参与当地社区活动较少，与新邻居关系较为疏远，这会影响新生代农民工资源与信息的获取，当然不利于其城市融合。服务机构经常组织一些活动，在活动中新生代农民工能与其他人群产生互动，则相互认同的可能性会增大。

六、价值观等观念因素

以上五个方面均属于影响新生代农民工城市融合的客观因素，下面将分析主观方面的因素——价值观念等。

（一）优越意识与劣等意识

长期的城乡二元体制分割，使得城市居民形成了根深蒂固的优越意识，而农村居民却形成了根深蒂固的劣等意识。国家为城市居民一直提供着就业、住房、教育、医疗、社会保障等方面的优越待遇，因此，他们多认为自己比农村居民要高一等，得到特权和优等待遇是理所应当的。当农村居民开始大量进城时，城市居民会认为劣等的、落后的、愚昧的农村人来到城市挤占了他们的工作，并造成了城市交通拥挤、社会治安恶化、住房与城市空间的紧张，等等（李涛，2009；陈玮和任晓军，2009）。于是，城市居民以城市主人的身份，排挤、歧视农民工这一不速之客，并对进城农民工持防范心理，这些都阻碍了新生代农民工的城市融合。

另外，农村居民由于长期的不平衡待遇固化了他们的劣等意识。没有城市居民的高质量教育、优越的生活、宽广的见识，农村居民有着一种强烈的自卑感，他们觉得遭到城市居民的冷眼也属正常。进城农民工也希望能建立自尊和自信，希望能像城市居民一样消费，希望所在社区与单位能够接纳自己，从而参与城市经济生活与政治生活、获得平等的待遇，但现实往往使他们无奈地选择了忍耐，经常会有失落感和孤立感。进而影响他们对城市社区及单位的认同感和归宿感，进一步地，这些都会影响新生代农民工在城市的行为模式。

（二）传统风俗习惯的影响

"落叶归根"、"乡愁"是中华民族几千年来的传统习俗在华夏子孙身上打下的"烙印"。这一点从我国每年春节期间的春运紧张局势就能体现。大多数农民工在内心深处仍然怀念着故乡，不管他在城市发展的如何，传统节日里总是会不远万里、不惜重金买到一张回家的车票。虽然，传统习俗对农民工的影响在减弱，特别是新生代农民工，"乡愁"明显要比老一辈农民工要淡，但这一过程需要时间来慢慢消化。

另外，中国乡村历来重视熟人之间的往来信任，这使得农民工进城后，不适应城市的"人情淡漠"，只相信亲人老乡。这种生活方式和社会交往方式在一定程度上限制了他们与城市居民的交往互动，强化了他们身上的传统观念和小农意识，从而不利于他们的城市融合（何绍辉，2008）。

（三）人生态度的影响

不同的人面对生活的态度是不一样的，反应方式也不一样。主观上积极、乐观的新生代农民工与主观上消极、悲观的在解释同一件生活事件上会有两种完全不同的认识，积极、乐观的人多会发现正面的解释，并寻求积极的支持，会从好的方面着想①；而消极、悲观的人则会预见到不好的结果，并寻求消极的

———————————

① 这种特质也可以称之为"乐观取向"，即用一种正面、积极的态度看待事物发展的后果，并在此基础上形成对自己和周围环境的未来看法，进而去寻求积极的支持。

支持。一般来讲，前一类型的人面对生活境遇时会更乐观，且相信将来会更好，这就导致了他们更易摆脱困境，有着更好的健康状况，从而有利于其城市融合。

第二节　基本公共服务均等化的影响

一、基本公共服务的特殊性

（一）基本公共服务对城市融合的特殊作用

不同于上述一般影响因素，基本公共服务均等化对城市融合的影响具有特殊性，一方面，基本公共服务对新生代农民工在城市的生存和发展具有不可替代的基础性作用；另一方面，基本公共服务的供给是政府可控的"抓手"，是政府责任。

首先，新生代农民工城市融合是一个体制遗留问题，政府有责任解决。长期以来的城乡二元体制，使得城市与农村的发展相对差距越来越大；农民和进入城市的农民工很少有发言权和影响力，基本无法参与社区及社会管理；在一系列的政策、制度安排中，明显地向城市倾斜，对待进城的农民工主要是"重堵轻疏、重管理轻服务、重义务轻权利、重市民就业而排挤农民工"（戴欢欢，2009），在这种情况下，新生代农民工极度缺乏公共服务支持。因此，如今，政府有责任来扭转这种局面。

其次，基本公共服务是每个公民应该享有的权益，是城市融合的制度基础和保障。中华人民共和国公民，无论性别、种族、身份、职业、宗教信仰、社会地位、所处区域，都应该能享受到国家提供的均等化的基本权益。基本公共服务是一种公共产品，具有非排他性和非竞争性，具有很强的外部性，需要由政府来承担主要责任。另外，基本公共服务的供给一般需要很大的初始投资，周期很长，规模和收益都很大，也只有政府能够举一国之力在全国范围内承担起这一责任。基本公共服务是国家为了满足全体成员的生存和发展最基本的需要而提供的，它本身就是衡量城市融合程度的一个标志。也只有政府为新生代农民工提供了均等化和制度化的基本公共服务，才能缓解直到最后消除起点不公平和机会不公平现象（允春喜和陈兴旺，2010），因此，基本公共服务均等化是新生代农民工城市融合的基础性制度条件。

再次，基本公共服务均等化的影响广泛而深远。基本公共服务水平在不同地区和不同群体之间的差异会直接影响市场领域内的经济效率与社会公正，因为基本公共服务在很大程度上决定了全体社会成员生产和生活的外部环境条件；基本公共服务水平差的地区吸引不到劳动力与资本的流入，造成这些地区没有财力提供基本公共服务，必然造成劳动与资本的进一步匮乏，由此形成恶性循环；基本公共服务均等化往往是由政治因素推动的，是一种抑制分裂、维护国家和平统一的重要手段（王玮，2009）。也因此，基本公共服务均等化会对新生代农民工的城市融合形成特殊影响。

最后，基本公共服务均等化是政府干预新生代农民工城市融合的"抓手"。虽然新生代农民工城市融合可以体现为一个自然过程，随着社会的发展，不同群体之间的交往、婚姻等关系日益扩展，城市融合程度会得到提高。但政府并不是不能作为，相反，政府可以通过为新生代农民工提供公共服务支持从而加速实现他们的城市融合，这种政府导向的干预包括户口制度的开放、教育的支持、社会保障的供给、社区支持，等等。客观来说，新生代农民工城市融合问题的主要责任不在农民工自身，更多地在于政府与社会。因此，既然提供基本公共服务的责任主要在于政府，则政府可以主动利用均等化基本公共服务的工具来干预新生代农民工的城市融合进程。

综上所述，基本公共服务均等化作为政府可控的"抓手"，对新生代农民工城市融合起着特殊的作用。

（二）基本公共服务与一般影响因素的关系

从上一节的分析来看，一般影响因素中最核心的、最关键的也就是基本公共服务因素：第一，从就业来看，就业是农民工城市化进程中从农村退出、城市进入的重要方式（刘传江和徐建玲，2008）。而农民工就业部门的选择、就业稳定性、就业保障等影响其城市融合的障碍都与他们无法获取均等化的就业公共服务相关，由于城市就业服务体系未能完全覆盖农民工，致使他们大多只能被动地选择就业机会，集中于次级劳动力市场，并且无法获得同岗同酬、工资保障等权益。第二，从收入和消费来看，农民工融入城市的目标是逐步获得与城镇居民接近和水平相当的生活质量，而公共服务差距与生活质量之间存在因果关系（陈昌盛和蔡耀州，2007）。由于子女的义务教育、公共卫生与基本医疗、基本社会保障、公共就业服务等方面农民工无法享有均等化服务，将导致他们上述方面较高的消费支出，削弱了他们改善生活质量、社会地位和社会交往等方面的能力，极大提升了他们融入城市的成本。第三，从城市的政策制度来看，城乡分割的户籍管理制度、流入地政府的财政能力、缺乏全国统一的农民工政策、地方保护主义和歧视性政策等是当前农民工在最基本的公共服务方面与城镇居民存在较大差距的根本原因（陈昌盛和蔡耀州，2007；中国（海南）改革发展研究院，2008）。第四，从服务机构的支持来看，专门的服务机构是外来移民获取流入地城市公共服务的便利渠道（何雪松、楼玮群和赵环，2009），因此，专门的公共服务机构也可以被视为农民工低成本获取基本公共服务的工具。综上所述，基本公共服务享有方面与城镇居民的巨大差距构成新生代农民工城市融合的根本性障碍。

本书所涉及的基本公共服务的基本范围包括：教育、就业、住房、医疗卫生、社会保障五个领域（详见第一章导论部分对基本公共服务的界定），每个领域都与新生代农民工的城市融合息息相关。

二、义务教育公共服务

"不能让孩子输在起跑线上"，而教育公共服务的均等化程度则在很大程度上决定了不同群体的起跑线是否公平。在教育领域，新生代农民工受到社会排斥主要表现在失学和在学校内所受到的排斥。这些都严重影响了新生代农民工的城市融合。

（一）教育公共服务与贫困的恶性循环

贫困的成因可能有地理因素、疾病因素、教育因素、人的习性因素、突发性因素，等等，其中，教育因素是至关重要的。教育的缺乏会直接影响个人的人力资本状况；而低人力资本积累的只能在次要劳动力市场上就业，而且很容易失业；微薄的工资和频繁的失业则导致进一步的贫困；而贫困的人则无力承担教育成本，无法形成自我人力资本积累。因此，"教育—失业—贫困"是一个恶性循环和贫困陷阱。要打破这个恶性循环的链条，提高教育水平是根本途径①，尤其是义务教育的机会平等，这就要求政府将义务教育纳为基本公共服务并实现均等化。

（二）教育公共服务与社会地位的代际传递

我国的九年义务教育经费来源于分权财政，即各地财政各自承担本地区的

---

① 正规教育的作用是就业培训所无法替代的，特别是基础的义务教育；而单纯的贫困救助则很难形成"造血"机制，"输血"机制无法解决根本问题。

义务教育成本。由此，在经济发达地区的义务教育水平明显高于经济落后地区。另外，义务教育之外的教育资源也会更多地分配到收入更高的阶层和群体，即按收入分层的教育群分现象。由此，低收入的家庭，无法获得高质量的教育资源，导致更贫困更无力培养他们的后代；而高收入家庭却能获得优质的教育资源，使他们的孩子获得更高水平的教育，从而这样的家庭更可能获得更高的收入。所以，由于教育公共服务的影响，低社会地位的群体其后代很可能仍然会继承低的社会地位，而高社会地位的人群后代更有可能继承高的社会地位。

（三）教育公共服务的"同群效应"

所谓"同群效应"是指受教育者之间有着相互影响，与"近朱者赤，近墨者黑"有异曲同工之妙。这是教育经济学中的一个重要概念，意即一个受教育者的成就，不单取决于他本身能力的高低，同时也取决于其周围同学的平均能力和平均成就。如果一个好学生进了一个差学校，那么这个好学生的周围学习风气很差，其他同学都贪玩，能力也不高，久而久之，好学生因受其他同学的影响也变成了差学生。这就是为什么学生家长都会不惜重金也要把自己的孩子送进重点学校、重点班级的原因。部分农民工由于条件所限在城市打工而把孩子留在老家农村受教育，部分农民工把孩子接来城市也只能将其送往农民工子弟学校，即使进了城市的公立学校也很难进入好的班级，这样，由于"同群效应"的作用，他们的子女仍然享受不到均等化的教育公共服务。

三、就业公共服务

新生代农民工在城市最现实、最直接的需求就是就业。承担新生代农民工的就业公共服务，政府义不容辞，这不仅是出于就业公共服务的公共性质，同时也是我国城市化进程的必然要求，是新生代农民工所应得的利益。

（一）就业公共服务供给缺乏

就业公共服务偏重于就业信息的发布，但信息发布的渠道、广泛性和受众的针对性等方面仍然欠缺，信息没有关注双向选择，只关注单方信息；许多实质性的服务明显缺乏，例如就业机会的提供、就业培训的提供等；政府相关劳动部门的职能还未延伸到农村，没有认识到对农民工的就业公共服务应该以农村为起点；有些农民工由于户籍原因根本就没有被纳入城市的就业服务体系。

新生代农民工大多不愿意、也不可能再回到农村了，加强针对这一群体的就业公共服务非常必要，同时也迫在眉睫。

（二）城市内部劳动力市场分割的影响

从总体上来看，我国是典型的城乡二元经济结构，劳动力市场也被分为城乡二元劳动力市场；农民工进入城市，将这种二元结构带入了城市内部，即城市内部也出现了二元劳动力市场分割，在前文的理论部分已经介绍过，城市内部的劳动力市场分为首属劳动力市场和次级劳动力市场，而大多农民工的就业分布在次级劳动力市场上。由此导致了次级劳动力市场上供求的不均衡，表现为结构性过剩，即较高质量的劳动力短缺与低质量的劳动力过剩并存。而政府提供的就业公共服务应该逐步消除这种带有人为性质的分割，为人才的自由流动创造制度条件，从而逐步消除城市内劳动力市场分割给农民工带来的影响。

（三）与农民工就业相关的保障欠缺

我国农民工的正当权益相对更容易遭到侵犯，例如，恶意拖欠工资、随意克扣工资、劳动强度极大几乎没有休息时间、劳动条件非常恶劣，等等（刘传江和程建林，2008）。如果这些基本的就业权益都得不到保障，那么农民工的城市融合将是一句空话；另外，马路劳务市场的泛滥更将农民工的权益推向了危险境地。这些都需要在政府的引导及扶持下，成立专门的组织机构来维护农民工的权益，并且应使每一个农民工在权益遭到侵犯时，清楚应该找哪一个"相关部门"来解决。实践中各地方可以积极探索，例如，深圳市在政府的主导下，建立固定的劳务交易场所，为农民工提供免费的职业介绍，避免了马路劳务市场的不确定性和高风险性，甚至可以依托固定劳务交易市场建立"欠薪保障基金"，从而降低农民工的欠薪风险。

另外，最低工资制度的覆盖面及执行问题影响新生代农民工在城市的生活问题。最低工资制度应该覆盖所有的劳动者，而无论地区、身份、职业、信仰、性别、社会地位之分，否则城市的弱势群体特别是农民工很容易遭到剥削甚至无法保证简单的再生产；最低工资制度应在各地确实严格执行，否则处在次级劳动力市场上的农民工工资权益就无法保证。除最低工资制度外，正常的工资增长机制也很重要，它可以保证农民工的工资水平能随着物价水平和生活水平的提高而合理增长，否则农民工的生活方式很难与城市生活方式融合。农民工在城市的生活压力很大，既有实际的，也有心理的，既有来自农村的期待，也有来自城市的残酷。因此，最低工资制度与正常的工资增长机制对农民工影响较大。

最后，失业保障是农民工在城市生活的重要保障线。由于社会经济结构的调整及农民工自身等原因，农民工在城市面临暂时性失业是不可避免的。如果农民工在陌生的城市一旦失业就完全没有了保障，则城市融合就无从谈起。然而，消极的"输血式"① 的失业保障无异于扬汤止沸。因此，积极的"造血式"② 的失业保障才能真正防止来到城市的农民工陷入贫困陷阱，具体来说，可以给失业农民工安排临时性就业岗位、提供针对性的培训等。

（四）农民工整体缺乏有力的职业培训

对农民工的职业培训，教育部、人保部、农业部等均有责任。按照党的十七大报告的要求，健全面向全体劳动者的职业教育培训制度，不仅对城镇户籍的劳动者有益，对农民工的意义更为重大。整个经济体中初次分配的不合理，应尽量在二次分配中给予补偿。由于人力资本方面的差异，农民工在初次分配中处于劣势地位；为了补偿这种不合理，政府加大对农民工的职业教育培训投入本身就是一种二次分配，并且通过这种二次分配能够实现对农民工再就业的"造血式"支持，因此，针对农民工的职业教育培训通过再分配的手段，提升其人力资本，势必有益于农民工在城市社会的认同与融合。

四、住房公共服务

住房需求是人们最基本的需求之一。安居才能乐业，因此，住房方面的城市融合是新生代农民工城市融合内容的重点之一。而且农民工本身就为城市的发展做出了巨大贡献，特别是建筑类的基层作业人员大多是农民工，从事着最脏、最累、最危险的工作，却只能在自己亲手盖起来的高楼大厦面前"望房兴叹"，因此，亟须完善住房公共服务的供给。当前新生代农民工住房短缺，特别是小单元住房，住房空间狭小，住房的配套设施环境较差。这些现实问题都成为新生代农民工城市融合的最大障碍之一。

────────────

① 消极的"输血式"失业保障指为失业者提供实物支持，但一旦离开此支持该失业者还是无法生存。

② 积极的"造血式"失业保障指为失业者提供就业机会，使他们很快就能走上新的工作岗位，自力更生。

（一）市场高房价和公共住房供给不足的影响

新生代农民工大多属于城市里的低收入群体，生活成本也要远大于农村，然而市场上房屋的买卖价格和租赁价格都相对较高，使得他们只能长期租房，而且只能租价格便宜、环境很差的房屋，例如，偏远的郊区、城市的城中村，等等。这些租赁房屋一般生活配套设施不齐全，周边治安环境也很差，多是各种犯罪的集中地（黄英，2008）；另外这些区域的公共管理与服务很差，很多根本就没有社区公共服务，使得新生代农民工没有归属感。租赁房屋还有一个弊端，即由于一些原因房东经常会要求租住者搬迁，给租住者带来诸多不便。

（二）农民工居住模式的影响

由于住房可得性方面的原因，农民工大多居住在条件较差的城市边缘地带，而且他们更习惯于集中居住，这样，同一群体就会有大致相同的背景与生活方式，相处也更加容易，在心理上更加亲近。但这种"初级社会关系网络"导致了农民工与城市居民的公共生活空间更少了，严重地限制了农民工的生活圈子和社会资本（杨绪松、靳小怡、肖群鹰和白萌，2006），这种孤岛化的乡村生活模式实质上是加重了农民工与城市居民的隔离。

（三）我国传统"家"观念的影响

中国人历来安土重迁，"家"的观念根深蒂固，一定要有自己的房子，才觉得有"家"，才会决定最终的举家搬迁。"房子"情结还要求一定是自己买的房子，对租来的房子心里永远会有芥蒂。正因为如此，新生代农民工为了在城市里成家立业，小心工作，努力挣钱，对风险的承受能力很弱，也因此，农民工创业的成功案例很少。因为房子问题，新生代农民工大多还没有能力去承担将来的结婚、生子以及培养下一代的重任。中华文化中的"家"观念和"房子"情结要求政府加大住房公共服务的供给，特别是经济适用房等政策应覆盖农民工群体。

五、医疗卫生公共服务

医疗卫生公共服务主要包括基本的医疗资源的优化配置与公共卫生体系的完善。本书所谈到的医疗公共服务不包括医疗保险、医疗救助的内容，因为这将在社会保障公共服务中涉及。医疗卫生公共服务不均等直接体现在这几年群众普遍反映的"看病难、看病贵"问题上，也体现在不同收入群体的死亡率和发病率的差异上。

医疗卫生公共服务的不均等将直接损害农民工的健康权益，而健康是一个人生存和发展之根本。倘若农民工群体的健康水平与城市居民存在很大差距，则农民工在城市就无法参与市场竞争，甚至就不会有中国的城市化进程，当然也不会有农民工的城市融合之说。

（一）医疗资源的配置问题

医疗资源在大城市与主城区集中趋势明显，而基层的社区和街道却相对缺乏，尤其是农民工群体对城市医疗资源的可得性与可及性更差。基础设施建设投入应更多地偏向基层，使普通民众在第一就诊部门能得到便捷、舒适、及时、有效的医疗服务，这对于新生代农民工来说非常重要。基层医疗部门一般对全科医生和社区护士的需求量大，应着力培养这方面的人才，提升他们的综合素质，并鼓励优秀人才到基层发展。由于新生代农民工大多还很年轻，一般的病症不需要到大医院就诊，另外，大医疗一般手续繁多、收费昂贵，新生代农民工负担能力有限，因此，基层医疗部门的资源配置与服务水平与农民工的医疗服务获取有着最直接最现实的联系。

（二）公共卫生服务能力问题

首先，病症防治网络体系在很多地方还没有覆盖到农民工群体，特别是对一些重大疾病防治知识的宣传与普及工作还远未到位。其次，农民工的免费疫苗接种服务在各地的落实程度也不一；对一些重大疾病的免费治疗力度还需要进一步加大，如艾滋病、结核病、血吸虫病等。再次，对公共卫生服务的监督也至关重要，基层的卫生监督机构应达到卫生部《卫生监督机构建设指导意见》的标准，房屋建筑、交通工具、仪器与取证工具必须达标，卫生监督人员配备也应该到位。最后，突发性公共卫生事件的薄弱点也在基层，由于卫生知识的缺乏和公共卫生服务部门的宣传普及工作不到位，农民工群体对突发性公共卫生事件警惕性差、观念淡薄，这会影响事件发生之时的配合行动与应急效果。

由此可见，医疗卫生公共服务的均等化重在基层，医疗资源与公共卫生服务能力建设多向基层倾斜直接影响新生代农民工的健康状况和社会公平感。

六、社会保障公共服务

社会保障历来就被誉为社会的"减震器"、"安全网"，而且社会保障与经济发展并不必然矛盾，这已经被一些国家的发展所验证，例如，澳大利亚，这个典型的福利国家近年来经济增长保持良好态势，失业率持续降低。因此，各国政府都将社会保障公共服务作为解决政治问题、经济问题以及社会问题的重要手段之一。我国《社会保险法》经过多次审议并于 2010 年 10 月出台，这从侧面说明了政府对社会保障公共服务的重视。社会保障公共服务对新生代农民工城市融合影响深远。

（一）社会保障公共服务覆盖面的影响

我国的社会保障制度是分阶段分人群分别建立起来的，各分制度之间存在碎片化、独立化的现象。新中国成立初期，我国的《劳动保险条例》只针对国有企业职工；改革开放以后，政府的社会保障公共服务也只提供给城镇职工；直到"三农"问题上升到国家战略层面，农民才开始被纳入政府社会保障公共服务供给的范畴，但农民离开农村进入城市而成为农民工群体，又给政府的社会保障公共服务的提供带来了新的难题：由于农民工群体的不确定性，城乡二元结构的社会保障体系无法适应农民工群体的新特性。有些城市为部分农民工群体提供部分社会保障公共服务，而有些城市确实也将农民工群体纳入了城镇社会保障体系，但在享受人口红利的同时却并未提供应有的公共服务。这些都会影响新生代农民工在城市的生活和工作，而且还会对他们的心理造成负面影响。

（二）社会救助公共服务的保障作用

我国的社会保障体系分为社会保险、社会救助、社会福利和社会优抚，其中社会救助公共服务对农民工群体相对重要，包括最低生活保障、医疗救助、灾害救助等。农民工背井离乡来到城市，其面临的各种风险比农村居民和城市居民都要大，俗话说"远水解不了近渴"，一旦遇到险境或困境，城市里的朋友有限，而农村老家的亲朋又相隔太远，这就需要城市社会为他们提供社会救助公共服务。因此，社会救助公共服务对于农民工群体来说，是一条最实际、最终的保障线。

（三）社会保险公共服务对新生代农民工的影响

首先，社会保险制度对城市居民、农村居民和农民工群体是差别对待的，但农民工群体内部又可以分为不同群体，例如，一类是长期在城市、有固定住所和工作并打算定居城市的农民工，另一类是流动性大、尚未有明确目标的农民工，那么新生代农民工到底应该进入哪一类社会保险目前仍存在争议。其次，对于新生代农民工来说，养老保险是保障几十年之后的风险，不确定性太大，因此，他们参保积极性不够；养老保险的转移接续办法一直存在争议，地方利益的博弈往往使得博弈结果不利于农民工。再次，由于农民工很多在非正规就业部门就业，而工伤保险制度却没有覆盖到这些部门从而导致了工伤风险很高，且发生工伤事故后得不到及时的救治和赔付，使得正当权益受到侵害；此外，很多建筑类的企业员工只参加了人身意外伤害险①，没有参加工伤保险，保障的力度相对要弱一些。最后，当前的失业保险也不利于农民工。城镇登记失业率大多并没有将农民工涵盖进来，对失业的农民工也不能是单纯的物质救济，应更多地提供就业岗位，以防止他们在失业、得不到救助、看不到希望的情况下走向歧途。

义务教育、就业、住房、医疗卫生和社会保障这五个方面的基本公共服务，均与新生代农民工在城市的生活和工作息息相关，是新生代农民工城市融合不可或缺的条件。新生代农民工的城市融合必然要求全体公民的基本公共服务实现均等化。

第三节 城市融合的后果

大量的农民工特别是已经成为主体的新生代农民工，为发达地区的建设提供了充足的廉价劳动力，为发达地区完成了经济积累，然而，外来农民工与城市居民之间的利益冲突、行为方式的冲突却不断激化，对城市政府的管理能力提出了严峻的考验，为城市的可持续发展敲响了警钟，也对社会主义和谐社会的构建提出了空前的考验。可见，促进新生代农民工的城市融合的后果是多层次的。

---

① 人身意外伤害险属于盈利性质的，由保险公司来经营的短期意外事故伤害保险，不包括职业病和一般性疾病所导致的人身伤害。

一、微观层次：全人健康

促进新生代农民工城市融合的最直接受益者就是农民工本人。在已有的研究中，很多学者认为社会融合对人类的自杀、死亡率、心脏病、高血压、中风等有重要影响（Durkheim，1951；House，Landis and Umberson，1988；Berkman and Syme，1979）。随着"全人健康"概念的提出，已有的研究表明，社会融合可以促进人类健康，包括生理层面的健康、情绪层面的健康和思想观念层面的健康（闫万军，2006；何雪松、楼玮群和赵环，2009）。据此，本书认为新生代农民工城市融合也将促进他们的全人健康，原因主要在于：第一，新生代农民工能够融入城市，与周围人群自由的交流，不会感受到城市居民明显的歧视，由此，身体和精神都不再需要一天到晚处于紧张状态，身体状态自然会好于从前，生病的概率以及生病后康复的速度都会有所改善（Sorensen，2002；Moen Dempster-McClain and Williams，1989）。第二，新生代农民工能够广泛地参与到社会生活的各个方面，会由此产生一种主人翁意识和强烈的归属感，而且他们参与的越多就越有可能获得社会的支持和帮助，也更易渡过难关。第三，新生代农民工的社会参与和社会关系网络的建立本身就会对他们的价值观念和行为方式产生影响。他们与城市居民通过交流沟通学习，对彼此的态度与看法会发生变化，双方都会采纳一些更先进更科学的行为方式，并由此形成一些规范，双方会共同遵守、相互监督，如全民健身、终身学习、抵制二手烟等（Cohen，2004），这些自然会提升他们的生理健康水平。第四，新生代农民工在城市能够获得公平的机会和待遇，会更加坚定他们生活的信心，认为这个世界是公平的，只要努力就会有回报，即使遇到暂时的挫折也不会自暴自弃，这样，正面的情绪与积极的人生态度会促进他们的健康水平。

二、中观层次：社区与城市的健康发展

城市融合除了新生代农民工个体是受益者之外，他们所处的组织、社区和城市也会受益。该后果主要是基于组织公民行为理论。组织按照其大小又可以分为新生代农民工的就业单位、居住社区和所处的城市。首先，一个身、心、灵全面健康的新生代农民工会以积极的心态投身于工作，会与周围的同事和睦共处，这些自发的组织公民行为都有利于其就业单位的管理工作和生产经营，因此，该就业单位的产出与效率都会表现良好。其次，新生代农民工良好的城市融合会降低离婚率（Booth，Edwards and Johnson，1991），健康、舒心、愉

悦的生活会让他们清醒而理智地对待婚姻，美满的生活会营造一个和谐的社区，社区犯罪、酗酒和吸毒现象会随之减少（Junger – Tas，2001），当然在一个和谐的社区内新生代农民工自身遭遇袭击的可能性也会降低。可见，新生代农民工的城市融合会对他们的家庭和社区行为起到规范和引导作用。最后，城市是由一个个家庭、就业单位和社区构成的，当这些城市的细胞运转良好时，整个城市才可能表现和谐。否则，各种不确定因素会挑战和威胁城市的公共安全，特别是在人口与产业高度集聚的主城区。新生代农民工融入城市以后，会积极参与这个城市的公共活动，享受着这个城市的公共服务，并认为自己就是这个城市的一分子，这些都会激发他们的城市公民行为（第一章已界定了城市公民行为的概念），而这些城市公民行为同时也会促进这个城市的和谐。

三、宏观层次：社会和谐

新生代农民工城市融合在宏观层次的效果体现为整个国家和社会的和谐。首先，任何宏观效果都必须要有微观基础。组织公民行为上升到宏观层面，即一个国家的国民整体上都表现出有利于国家发展、安定、团结的行为模式，构建和谐社会也就有了基石。新生代农民工个人健康、家庭幸福、就业稳定，势必形成和气的社区氛围，城市安全状况便会改观，从而促进整个国家的发展，整个社会的健康、有序与和谐也就实现了。其次，新生代农民工的城市融合会带动我国工业化与城市化的均衡发展，并有利于我国现代化的顺利实现。根据前一章对典型国家城市化和城市融合实践的论述可知，一个国家的城市化进程与该国的工业化、现代化进程是相辅相成、相互影响，倘若哪一方发展滞后势必影响其他进程。因此，在我国当前城市化滞后于工业化进程的境况下，促进新生代农民工的城市融合有利于两者均衡发展。再次，促进新生代农民工的城市融合有利于我国宏观经济持续稳定增长。新生代农民工顺利的城市融合会给城市发展带来更多的劳动力，会释放他们的消费需求从而带动城市的消费大幅增长。因此，在当前依靠进出口拉动经济发展空间有限的情况下，依靠新生代农民工的城市融合来扩大内需和加大劳动力投入，对维持我国经济持续稳定增长是有益的。最后，新生代农民工的城市融合是促进农业经济增长方式转变的关键，有利于城乡一体化的发展。长期以来，新生代农民工在城市得不到公平的待遇和均等的公共产品从而难以融入城市，使得他们不敢放弃土地的最终保障，只能选择在城市与农村之间"候鸟式"地来回奔波。这种境况会造成两个方面的影响：一是农业的经营规模无法扩大，农业机械化进程受阻，从而使农业生产率提高缓慢；二是"候鸟式"的迁移不利于农民自身人力资本的积累，也影响农业生产率的提高。由此可见，新生代农民工的城市融合可以解决他们的后顾之忧，实现农业的规模经营和农民人力资本的快速积累，从而转变农业经济增长方式，促进了农业农村发展，有利于城乡一体化的实现。

第五章　新生代农民工城市融合的实证分析

　　由于本书主要是从基本公共服务的角度来探讨新生代农民工的城市融合问题，因此，本章在第四章分析框架的基础上，通过文献回顾，以公共服务均等化与城市融合的关系为核心，并结合两个后果变量——城市公民行为和全人健康，构建新生代农民工城市融合的理论模型，通过问卷调查对其进行实证检验。

第一节　总体研究假设与理论模型

　　根据第四章关于新生代农民工城市融合的前因与后果的分析，本节进一步通过确定城市融合的前因变量与后果变量来构建后续实证研究的理论概念模型。

一、城市融合前因变量的确定

　　基于前人的研究，第四章将新生代农民工城市融合的众多影响因素划分为一般影响因素和基本公共服务均等化的特殊因素。分析上述两大类影响因素之间的关系，不难发现，一般影响因素中如新生代农民工的就业情况、经济收入与消费、户籍等政策制度、服务机构的支持等影响因素都与基本公共服务之间具有直接的、不可分割的联系。相关实证研究也发现增加在城市的公共产品支出水平同城市移民呈正相关关系，向外来务工人员提供更多的公共服务将提高人口的导入速度（刘学华，2009）。鉴于此，本书将把基本公共服务均等化作为新生代农民工城市融合的主要前因变量，而将个人特征因素作为理论模型的控制变量。

二、城市融合后果变量的确定

　　关于新生代农民工城市融合的后果，本书在第四章从微观、中观和宏观三个层次进行了阐述，其中，微观层次的后果主要指城市融合对新生代农民工个体的健康发展，可以由个体的全人健康变量来衡量（何雪松、楼玮群和赵环，2009），而中观层次表现为对城市治理的影响，宏观层次主要指整个国家和社会的和谐稳定。中观层面和宏观层面的后果都是社会健康发展的反映，但由于城市样本有限，无法用整个城市的健康发展水平进行实证研究，只能采用微观个体层次的测量来反映城市整体的社会健康状况。根据组织行为学理论，组织成员的组织公民行为将促进组织的健康发展（Organ，1988）。同样，城市、国家也可以视为公民所处的组织，新生代农民工作为城市的新成员，其公民行为将促进城市社会的健康发展，因此，可以通过新生代农民工城市融合是否会导致他们城市公民行为的产生和提升，来测量城市融合对城市社会健康发展的影响。综上所述，本书在实证研究模型中将新生代农民工个体发展和城市社会发展作为城市融合的影响后果，分别以新生代农民工个体的全人健康变量和城市公民行为变量进行测量。

三、总体研究假设与实证模型

基于上述分析，本书以新生代农民工为研究对象，将基本公共服务均等化作为前因变量，个人特征因素作为控制变量，全人健康和城市公民行为作为后果变量，建立新生代农民工城市融合的实证模型（见图5－1）。

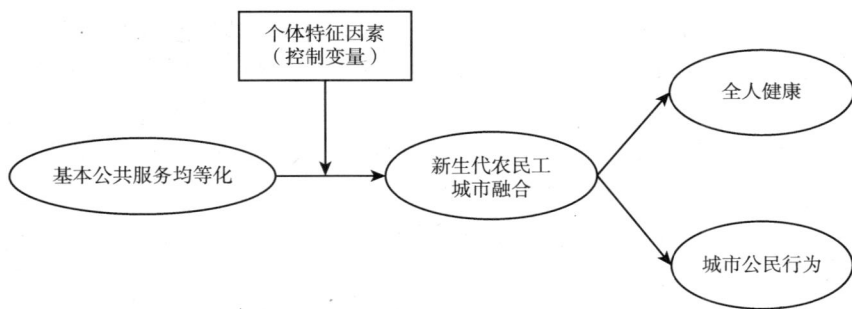

图5－1　本书的实证概念模型

本书的总体研究假设为：基本公共服务均等化将促进新生代农民工的城市融合，进而引致他们的城市公民行为，并提升他们的全人健康水平。详细分变量的研究假设将在下文中逐一提出。

第二节　量表设计与分假设提出

一、基本公共服务均等化的测量量表

本书第一章与第二章对基本公共服务均等化的概念和理论作了较多阐述，在不同国家或地区、不同发展阶段，基本公共服务的范围和特点存在一定差异，它也会随着经济社会的发展、人类需求的变化而变化。目前关于基本公共服务的范围并未形成统一的认识，由于住房公共服务在当前我国所有城市的公共服务政策中都未覆盖农民工群体，因此，同中国（海南）改革发展研究院撰写的《中国人类发展报告（2007/2008）》相一致，本书所讨论的基本公共服务范围包括基本社会保障、公共卫生与基本医疗服务、义务教育和公共就业服务四个方面。

同样，关于这些基本公共服务均等化状况的测量，不同学者侧重点和测量方式上的也存在较大差异。基于基本公共服务均等化理论的各种公平观，张强（2009）认为机会均等、过程均等与结果均等都应同等对待，可以用这三个维度来测量基本公共服务均等化水平。与张强（2009）的观点相似，安体富和任强（2007）将公共服务均等化的标准分为三个层次：保底标准、平均标准和结果均等标准，他们认为在我国经济发展水平和公共财力不够的情况下，要先满足最低标准，即保底标准，等到条件具备后再实现结果均等的标准。与上述"平均标准"有共通之处的是吕炜和王伟同（2008）提出的"标准人需求"，是由一个代表性的个体对基本公共服务的需求作为全体社会成员的平均标准，以此为标准对人们均等化享有基本公共服务的程度进行衡量。与上述测量方式不同的是，项继权与袁方成（2008）提出从主观和客观两个维度对基本公共服务均等化进行测量。主观方面的指标主要包括公民对基本公共服务均等化的满意度[①]，满意度实质上也是基本公共服务均等化的效果之一；客观方面的指标主要包括对基本公共服务的设施与条件的测量[②]，以及对基本公共服务的财政能力和投入均衡性的测量[③]。但是，在对我国农民工生活质量进行评

[①]　满意度主要是通过问卷、访谈等方式来度量公民对基本公共服务的可及性、便利性、经济性和整体满意度。

[②]　主要是对不同类型的基本公共服务供给数量、设施和条件进行评估。

[③]　主要是对基本公共服务的财政投入状况特别是地方公共服务财政能力和均衡性的评估。

估的研究中，国家统计局课题组（2007）指出针对农民工这一特殊群体进行测量时应限定在客观方面的指标，因为主观方面的指标极有可能夸大评价结果。国家统计局课题组（2007）对农民工生活质量的测评中包含了部分基本公共服务的内容，其评估方法为本书提供了借鉴。

　　借鉴国家统计局课题组（2007）的方法，本书主要从结果均等的角度，采取客观的分类指标来测量新生代农民工基本公共服务的均等化水平。本书将新生代农民工基本公共服务层次推进地分解为四个层次的子测量项目，以考察公共就业服务、基本社会保障、公共卫生与基本医疗服务、子女义务教育等方面的均等化程度，其中，每个子测量项又由若干个容易操作的、具体的评价指标构成，并采用直接赋分法把具体指标转化成为 0～1 之间的得分（具体赋分标准如表 5－1 所示）。这些具体指标都是相对于城镇居民而言的，本书直接默认城镇居民在各个指标上的得分都为"1"[①]，如果被调查的新生代农民工对某项指标的得分为"1"，就表示在该方面能够实现享有同流入地城镇居民均等化的公共服务。

表 5－1　　　　　　　　新生代农民工基本公共服务均等化测量量表

子项目	具体测项指标	赋分标准 [0，1]
就业公共服务	是否无差别用工（NDE）	否（0分）；是（1分）
	是否参加过流入地政府组织的职业技能培训（T）	否（0分）；是（1分）
社会保障	有无医疗保险（HI）	无（0分）；有（1分）
	有无养老保险（OAI）	无（0分）；有（1分）
	有无失业保险（UEI）	无（0分）；有（1分）
	有无工伤保险（II）	无（0分）；有（1分）
	有无生育保险（MI）	无（0分）；有（1分）

---

　　①　与国家统计局课题组（2007）考虑的一样，因为新生代农民工基本公共服务均等化评价指标是相对于城镇居民而言的，上述指标值应该依据城镇居民的平均水平进行标准化，而事实上这些分类指标中诸如就读学校和就医选择的指标在我国城镇居民中也不存在参考值，加上现实中城镇居民相对于农民工在上述公共服务方面具有绝对优势，所以，本书没有按照城镇居民的参考值进行调整，而直接默认城镇居民在这些指标上的平均得分为"1"也是合理的。参见：国家统计局课题组：《中国农民工生活质量指数评价研究》，《统计研究》2007 年第 2 期，第 3～8 页。

子项目	具体测项指标	赋分标准 [0，1]
子女义务教育	就读学校选择（ST）	辍学（0分）；留守家乡学校就读（0.25分）；在城市民办学校或农民工子弟学校就读（0.50分）；在城市公办学校就读但承担借读费（0.75分）；免借读费在城市公办学校就读（1分）
公共卫生和基本医疗服务	就医选择（TI）	不看病不吃药（0分）；自己到药店买药（0.33分）；去个体诊所看病（0.67分）；去正规医院看病（1分）

注：表中每个测量指标后括号内的指代字母是由上述测项的英文首写字母组成。根据测量的可操作性要求，表中各项基本公共服务的测量指标并未涵盖所有的服务内容，例如，仅用5项保险对社会保障进行了测量，未包括社会救助、最低生活保障等社保内容。

根据基本公共服务范围的界定和公共服务相关理论知道，就业公共服务、社会保障、公共卫生与基本医疗服务、子女义务教育等服务是建立社会安全网、保障全体社会成员基本生存权和发展权必须提供的基本公共服务。因此，这四个方面的公共服务是政府应首先提供的、所有公民应均等享有的、最核心的公共服务（陈昌盛和蔡耀州，2007；安体富和任强，2007；吕炜和王伟同，2008；中国（海南）改革发展研究院，2008；项继权和袁方成，2008；等等），同时也预示着能享有其中一个方面，应能同时享有其他方面。据此本书提出研究假设：

假设1：各项基本公共服务均等化之间具有正相关关系。

根据前述基本公共服务均等化与城市融合之间的理论关系，同时专门考察基本社会保障、有子女的新生代农民工关于义务教育服务的享受程度及其对城市融合的影响，在此提出如下系列假设：

假设2a：基本公共服务均等化水平（不包括义务教育①）与城市融合正相关。

假设2b：社会保障服务均等化水平与城市融合正相关。

假设2c：各项基本公共服务均等化水平分别与城市融合正相关。

_____

① 由于被调查者中有子女正在上学的新生代农民工在总样本中将只占较少的一部分，因此，本书单独把义务教育公共服务从基本公共服务均等化与城市融合之间的关系中剥离出来进行分析。

假设 2d：义务教育服务均等化水平与城市融合正相关。

二、城市融合变量的量表

由导论中关于城市融合概念的界定可知，当前学者们对其定义并不统一，加上研究视角、层次等方面的差异，致使实证研究中关于城市融合的测量多样化，相应地也提出了互不相同的测量量表。鉴于此，悦中山、杜海峰、李树茁和费尔德曼（2009）认为这导致了城市融合测量呈现多维度、多参数的状态，即认为它是一个多维构念①。关于维度的划分，无论是划分为结构融合和情感融合维度（Scott，1976）、态度和行为维度（Moen，Dempster-McClain and Williams，1989），还是关系成分和意识成分（Moody and White，2003）维度，悦中山、杜海峰、李树茁和费尔德曼（2009）将城市融合统归为由主观和客观两个维度所测度。

但回顾前人的研究文献，本书发现，只有一些实证性研究将城市融合视为多维构念，还有部分研究将其视为单维构念。其中，作为单维构念，道嘎和萨帕（Dalgard and Thapa，2007）在研究挪威的外来移民在挪威的社会融合中，用对挪威语言的熟知度、是否阅读挪威报纸、受到挪威人的拜访，以及接受挪威人的帮助四个指标来对其进行测量；张文宏和雷开春（2008）考察上海的城市新移民社会融合情况时选用了 14 个指标对其进行测量，包括方言掌握程度、工作稳定性、亲人数量、户口性质、关系网络、交往人数 6 个客观指标，以及测量外来移民的各种满意度和各种主观认同程度的 8 个主观指标。而在多维构念的测量中，我国学者风笑天（2004）在测量三峡移民的社会融合状况时，采用了经济、心理、环境和生活共 4 个维度 9 个指标；而杨黎源（2008）研究宁波市外来人口的社会融合时，采用了社区管理、邻居关系、困难互助、同事关系、联姻结亲、风俗习惯、定居选择和安全感 8 个维度进行测量；在以农民工为研究对象时，王桂新和罗恩立（2007）、杨晖和江波（2009）将城市融合的维度划分为经济融合、政治融合、社会关系融合和公共权益融合 4 个维度；还有学者认为我国农民工在城市还未达到完全融合的状态，他们以"城

---

① 所谓构念，是指为了研究管理现象而发展出来的抽象概念。它具有以下特征：构念是研究者构造出来的，是抽象的、不可直接观察的，是与理论和模型相联系的，是清晰而明确的。转引自：罗胜强和姜嫄（2008）的解释，参见陈晓萍、徐淑英、樊景立：《组织与管理研究的实证方法》，北京：北京大学出版社 2008 年版，第 255～287 页。

市（社会）融入"概念进行研究，例如，许传新和许若兰（2007）对成都市农民工的研究中用社会距离来表征城市融入，而社会距离又用交往状态、交往意愿和接纳预期 3 个维度来测量；与许传新和许若兰（2007）不同的是，杨菊华（2010）将城市融入构念视为高阶因子结构，首先包括经济整合、行为适应、文化接纳和身份认同 4 个维度，其中前两个维度是显性客观的，后两个是隐性主观的，每个维度下又设置了若干二级维度，二级维度下设置了若干可观测指标。

随着社会网络理论的兴起，网络分析越来越成为社会融合实证分析的工具。对社会融合概念的界定也逐渐剥离了最初对影响因素和结果的描述，而是开始注重社会融合本身的行为与态度（悦中山、杜海峰、李树茁和费尔德曼，2009），由此何雪松、楼玮群和赵环（2009）在对我国香港地区外来迁移人口的研究中采用了社会认同、社会网络和社会参与这三个维度，分别测量了新移民城市融合的认知、关系和行为三个层面。我国是一个关系社会，城市外来移民的社会融合过程中往往伴随着社会关系网络的解构和重建，同样，新生代农民工的城市融合过程中重建的社会关系网络（尤其是同当地人建立的关系网络）具有重要的功能，有助于增强他们对移居城市社会和文化的认识和认同，因此，是否同当地人重建社会关系网络是新生代农民工城市融合状况的重要表现，鉴于此，本书在对新生代农民工城市融合的测量中也采用何雪松、楼玮群和赵环（2009）的划分方式，将社会认同、社会网络和社会参与作为测量的三个维度。同当前大多研究一样，也将城市融合视为一种潜因子型多维构念①，社会认同、社会网络和社会参与三个维度都是城市融合构念的不同表现。

但是，何雪松、楼玮群和赵环（2009）的测量量表中关于社会网络维度的测量，未能对研究对象社会网络成员进行区分，只包括了"自己家人"、"配偶家人"和"朋辈"，这种未加区分的社会网络测量无法反映新移民是否存在由原有社会关系网络向移入地的新社会关系网络的转型过程，不能较好地

---

① 多维构念总体上分为三种类型：一种是潜因子型，潜因子型多维构念的各个维度是同一个多维构念的不同表现，在测量上多维构念可以表示为各个维度背后的一个潜因子（或共同因子）；另一种是合并型，合并型多维构念的各个维度是多维构念的不同组成部分，测量时除了估计出合并型多维构念和各个维度之间的关系，还需要使用多维构念的结果变量才能对其进行估计，整个构念可以表示为所有维度的线性函数；还有一种是组合型，组合型多维构念是各个维度以不同方式的组合。转引自：罗胜强和姜嬿（2008）的解释，参见陈晓萍、徐淑英、樊景立：《组织与管理研究的实证方法》，北京：北京大学出版社 2008 年版，第 255~287 页。

测量在移入地的社会融合。因此，本书在此专门进行了区分，主要调查新生代农民工在打工城市的新社会关系网络，充分反映了其社会关系网络转型过程。因此，更准确地讲，本书的城市融合构念包括社会认同、社会关系网络转型和社会参与三个维度。另外，何雪松、楼玮群和赵环（2009）关于社会认同的测量只采用了"受访者多大程度觉得自己是香港地区的本地人"一个问项进行测量，但用结构方程工具对变量测量时，如果潜变量只用一个测量指标测量往往会产生局部饱和、借用自由度的现象，为防止出现该问题，本书关于社会认同维度的测量还借鉴了王桂新和罗恩立（2007）、周莹和周海旺（2009）的研究，增加了两个问项，分别是表 5－2 中的 SI2 和 SI3。另两个维度的测量指标都是参考博伦和霍伊尔（Bollen and Hoyle，1990）、怀特和哈瑞利（White and Harary，2001）、何雪松、楼玮群和赵环（2009）等研究已有的成熟研究量表，具体释义见表 5－2，采用李克特五点尺度来衡量。

表 5－2　　　　　　　　　城市融合变量的测量量表

城市融合（SID）测量量表	编号	项目内容
社会认同（SI）	SI1	多大程度上认为自己是××城市人 *
	SI2	本地市民对待我的（友好）态度
	SI3	自己将来打算在这个城市长期定居的意愿
社会关系网络转型（SN）	SN1	觉得不开心或压力大时，相对亲戚或老乡，我经常选择在当地新结识的同事、邻居或朋友谈心
	SN2	当遇到重大事情需要商量时，相对亲戚或老乡，我经常找在当地新结识的同事、邻居或朋友商量
	SN3	日常生活中，当需要别人暂时帮助照看一下孩子或代买东西，相对亲戚或老乡，我会找在当地新结识的同事、邻居或朋友帮忙
	SN4	当急需用钱时，相对亲戚或老乡，我会找在当地新结识的同事、邻居或朋友借
社会参与（SP）	SP1	参加单位的集体活动（如开会、出游等）
	SP2	跟朋友一起逛街、看电影、吃饭、聊天等
	SP3	去邻居、朋友家里串门
	SP4	向单位或社区提出自己的意见或建议

注：* 表中"××城市"可以在调查中依据所在的调查城市调整，如本书的调查是对浙江省所辖城市的新生代农民工进行的调查，则调查问卷中问项将填写流入地的城市。

由上述城市融合构念与社会认同、社会关系网络转型和社会参与三个维度，以及测量指标之间的关系，本书提出：

假设 3：城市融合构念是一个二阶因子结构，其中，社会认同、社会关系网络转型和社会参与三个维度分别是一阶因子。

三、全人健康变量的量表

城市融合乃至整个社会的和谐都能促进全人健康（闫万军，2006；Foroughi，Misajon and Cummins，2001；何雪松、楼玮群和赵环，2009）。首先，不同学者对身体健康采用了不同的测量方式。作为一项经典的研究，豪斯、兰蒂斯和阿姆本森（House、Landis and Umberson，1988）在研究社会关系与健康二者之间的关联时，用死亡率这个指标对身体健康状况的进行了衡量。而赵延东（2008）认为对个体身体健康状况的测量应该采用自评身体症状和自述身体疾病的方法。然而，在实证研究中，心理和心灵健康的测量经常遭到混同，例如，何雪松、楼玮群和赵环（2009）在对我国香港地区外来迁移人口的社会融合与全人健康之间的关系进行实证分析时，其量表包括四个部分：躯体症状、社会功能、情绪和精神健康，除了身体症状方面，其他三方面测量的主要是心理方面的健康，并未能真正体现心灵方面的健康问题。根据前文对全人健康的定义，身心灵健康一般要从身体、情绪（心理）、思想观念（心灵）三个方面入手，按照樊富珉与官锐园（2003）的观点，情绪层面与思想观念层面的区别在于，前者是一种短期的情绪反应，只需要通过一些简单的情绪调节方法即可调节；而思想观念层面则是人的深层次的价值观和世界观，不容易在短时间内改变，可能通过增加人际交往与互信、培养积极的人生态度以及理解生命的意义等方法而获得。关于心理健康方面的测量，现有的实证研究中应用最多的量表要数霍普金斯（Hopkin's）症状自述量表（赵延东，2008；Dalgard and Thapa，2007；何雪松、楼玮群、赵环，2009；何雪松、黄富强和曾守锤，2010），该量表总共有 90 个项目，所以简称为 HSCL - 90。HSCL - 90 由于项目较多[①]，反映的信息充分，能够较准确地测量被试者的精神状态，但也正是因为内容庞大，所以在实际应用中受到一定的局限，如赵延东（2008）在测量城乡居民的精神健康时用的

---

① HSCL - 90 包含的分量表有躯体化、强迫、人际关系敏感、抑郁、焦虑、敌对、恐怖、偏执、精神病性、其他等。每个分量表下面又分设若干项目，共 90 项。

就是简化版的 HSCL－90 量表，具体为询问被试者最近七天有无经常出现以下六个方面的症状："紧张"、"担忧"、"头疼"、"失眠"、"情绪低落"、"自我感觉无能"。

通过上述回顾知道，当前关于全人健康的定义和实证测量已有大量文献，但是关于其结构探索的文献相当少，实证测量中常常未能将身、心、灵三个维度进行清晰区分。而从身体健康、心理健康和心灵健康三个维度之间的关系来看，三者之间可能是正相关、负相关，或彼此没有关系，它们只是全人健康的不同组成部分，因此，笔者认为全人健康构念是一个合并型多维构念。本书关于全人健康量表的设计中，身体健康和心理健康子量表主要采用的是赵延东（2008）和何雪松、楼玮群和赵环（2009）研究中的问项，并增加一项"关于身体康复快慢"的测量，而心灵健康子量表是根据樊富珉和官锐园（2003）的量表进行转换而来，具体释义见表 5－3，采用李克特五点尺度来衡量。

表 5－3 全人健康变量的测量量表

测量量表	编号	项目内容
心理健康（WPS）	WPS1	觉得担心，很紧张、心慌
	WPS2	觉得头痛
	WPS3	心情不好，情绪低落，觉得压力很大
	WPS4	失眠，睡不好觉
	WPS5	觉得自己无用、无能
身体健康（WPH）	WPH1	自评身体健康状况
	WPH2	身体生病的频率
	WPH3	生病时身体康复的速度
心灵健康（WS）	WS1	人生有得就有失，失落、失败很正常，应积极面对
	WS2	平常生活中，多半时候是乐呵呵的
	WS3	活在这个世界上，是有意义的，没有白活

由于全人健康构念是一个合并型多维构念，实证测量时比较复杂（罗胜强和姜嬿，2008），而本书并不考虑全人健康的后续结果变量，因此，实证分析中以城市融合对新生代农民工身、心、灵三个维度的影响，来代替检验城市融合对全人健康的作用，据此提出如下三个分假设：

假设4a：新生代农民工的城市融合有助于提升他们的身体健康。

假设4b：新生代农民工的城市融合有助于提升他们的心理健康。

假设4c：新生代农民工的城市融合有助于提升他们的心灵健康。

四、城市公民行为变量的量表

由第一章对城市公民行为的定义可知，城市公民行为（Urban Citizenship Behavior，简称UCB）是指一个城市所有成员作为整体所表现出来的非正式的合作行为，无须得到城市的正式奖励体系的直接回报以及监督体系的直接监察，但却可以促进城市的有效发展。它本质上属于群体层次的公民行为，因此，城市公民行为与管理学中的组织公民行为类似，实证研究中既可以在个体层次进行测量，又可以在群体层次测量。本书关于城市公民行为的测量也借鉴了组织公民行为的相关理论，下面将从测量层次、维度和问项等方面对该变量进行综述。

（一）测量层次

城市公民行为属于群体层次的公民行为，而目前群体层次的组织公民行为既可以在个体层次测量再上升到群体层次，也可以直接在群体层次测量。不过，已有的研究中大多是在个体层次测量后再上升到群体层次的（曾秀芹、车宏生和孙晓敏，2008）。以下分别说明个体层次的测量方法和群体层次的测量方法：

通过个体层次来测量群体层次的组织公民行为可以细分为两类，第一类是用组织公民行为量表测量个体后，将测量结果求平均，以平均值来当作群体层次的组织公民行为水平。例如，萨摩其和卓兹—扎哈维（Somech and Drach-Zahavy，2004）在测量员工的组织公民行为时，就是采用将每位员工的组织公民行为加总平均的办法来获得群体公民行为。第二类仍是用组织公民行为量表来测量个体，不同的是，量表的问题要换一个角度，把针对个体的问题都改成针对群体的问题，例如，之前调查的是被试者对个体的印象，现在调查的是被试者对群体整体的印象（Ehrhart，Bliese and Thomas，2006；Ehrhart and Naumann，2004）。

还有一类是直接测量群体层次的组织公民行为，该方法当前应用并不广泛，只有少量的研究应用了这一方法（Koys，2001）。既然是直接测量整个群体，就不会让每个成员都参与测量，而是请一位很了解这个群体的人来测量

（当然，这个人不一定就是群体的领导人）。

以上几类方法各有利弊，群体层次的直接测量方法虽然可以直接获得"群体印象"，但因被调查者只是一个人，难免会影响调查的信度和效度。个体层次的测量方法虽然可以获得大量的样本，但其中第一类终究是调查的个体组织公民行为。本书考虑到方法的简单易用以及资料收集的可得性问题，选取了个体层次的测量方法中的第二类，通过测量每个成员的个体组织公民行为，用结构方程的因子分析方法测量城市公民行为。

（二）维度及问项设置

当前，学术界应用最为广泛地组织公民行为量表当数由奥根（Organ）于1988 年开创的五维度量表和由威廉姆斯和安德森（Williams and Anderson）于1991 年构建的二维度组织公民行为量表。

1. 五维度测量量表

奥根于 1988 年提出组织公民行为是一个五维结构，包括利他、文明礼貌、运动员精神、责任意识以及公民美德。其中，"利他"是指组织成员主动帮助他人处理问题并鼓励他人；"文明礼貌"是指组织成员对他人表示尊重；"运动员精神"是指组织成员在逆境中任劳任怨的精神；"责任意识"是指组织成员对待自身的工作严肃认真，责任感强；"公民美德"是指组织成员主动关心组织。两年后，博萨卡夫、麦肯齐和巴默（Podsakoff, Mackenzie and Bummer, 1996）在此基础上开发出了测量问卷，受到了广泛的认同，以至于该领域之后的研究都是基于此五维度量表。

1997 年樊景立教授将奥根的五维度理论引入中国，其在我国台湾地区进行的组织公民行为的相关研究，提出了适应中国环境的量表，并被我国其他学者所采纳，例如，皮永华（2006）的研究就采纳了该五维度量表，五个维度分别是：公司认同，包括是否愿意维护公司的形象和主动提出建议等；帮助同事，包括帮助同事做事、解决问题等；尽职尽责，包括自觉遵守规章、全身心地投入工作等；人际和谐，包括个人的作风、对等同事与对待利益和权力的态度等；保护公司资源，包括主动节省公司的资源、上班时间不开小差等。

2004 年，樊景立与奥根等人又选择来自北京、上海和深圳三个城市的样本，开发中国内地的组织公民行为量表（Farh, Zhong and Organ, 2004）。在这项研究中，他们从近 200 名员工的接近 600 项组织公民行为中抽象出来

10 个维度，其中 5 个维度与西方组织公民行为维度相同，另有 5 个维度与西方组织公民行为维度不同。与西方组织公民行为相同的维度分别是：积极主动①、帮助同事②、观点的表达③、群体活动的参与④、提升组织形象⑤；另外 5 个不同的维度分别是：自我培训⑥、公益活动的参与⑦、保护与节省公司的资源⑧、保护工作场所整洁⑨、人际和睦⑩。并且，他们还将这 10 个维度分为四个层面，分别是自我层面、群体层面、组织层面和社会层面。

很多学者在研究我国的组织公民行为时都是基于上述五维度理论的发展脉络，量表的设置也是以它为基础，例如，许多和张小林（2007）、周杰（2009）、马文聪、朱桂龙和蒋峦（2010），等等。

2. 二维度测量量表

威廉姆斯（Williams）和安德森（Anderson）于 1991 在研究工作满意度与组织公民行为和角色内行为的过程中，开发了组织公民行为问卷。该问卷分为两个部分：注重个人的组织公民行为和注重组织的组织公民行为。注重个人的问题设置如"是否帮助工作最多的同事"、"没人要求时是否仍然协助领导工作"、"上班时间是否会停止工作"等；注重组织的问题设置如"是否节约和保护组织财产"等。沈伊默、袁登华和张庆林（2009）研究社会交换对组织公民行为的影响时采用了该量表。

与此类似，艾瑞（Ayree）等人于 2002 年在研究组织的公平性与工作绩效之间的关系时开发了不同的二维度问卷，共 9 个问题。这两个维度与威廉姆森

---

① 积极主动维度是指组织成员愿意承担工作之外的任务。
② 帮助同事维度是指组织成员愿意主动帮助同事解决问题，包括工作方面的和生活方面的。
③ 观点的表达维度是指组织成员会主动向组织提出自己的意见和建议，包括正面的和负面的。
④ 群体活动的参与维度是指组织成员积极主动参与组织的集体活动。
⑤ 提升组织形象维度是指组织成员忠诚的拥挤组织，向外界宣传组织的正面形象并主动纠正外界组织的负面印象。
⑥ 自我培训维度是指组织成员主动提高自己的知识和工作技能。
⑦ 公益活动的参与维度是指组织成员热心地参与社会公益活动和社区服务活动。
⑧ 保护与节省公司的资源维度是指组织成员主动节省公司的资源，在必要的时候甚至动用个人的资源来保全公司的资源，特别是在遭遇突发事件时。
⑨ 保护工作场所整洁维度是指组织成员对保持工作场所的整洁具有主动的责任意识。
⑩ 人际和睦维度是指组织成员主动维护人际关系的和谐。

和安德森（1991）的非常相似，分别为有利于同事的公民行为①和有利于组织的公民行为②。这9个问题设置有很多与威廉姆森和安德森（1991）的研究相同，也有一些与 Farh、Zhong、Organ（2004）中的自我培训、帮助同事、积极主动等项目相同。

　　由于艾瑞等（Ayree et al.，2002）的二维度组织公民行为量表简单易用，且经过一些学者的"中国化"过程，所以在学术界的应用较为广泛（葛建华、苏雪梅，2010）。本书也借鉴了该二维度量表测量新生代农民工的城市公民行为，并将其分为有利于居民的组织公民行为和有利于城市的组织公民行为。在艾瑞等（Ayree et al.，2002）的量表基础上，本书针对新生代农民工在城市的实际情况，通过小规模访谈将问题项目稍做修改，仍然是9个项目，前面6个项目测量的是有利于城市居民个人的行为，后面3个项目是有利于城市的行为。具体释义见表5-4，采用李克特五点尺度来衡量。根据图5-1的实证模型和前人的研究，城市公民行为是城市融合的后果变量，也是一个潜因子型多维构念，据此本书提出

　　假设5：新生代农民工的城市融合将促进他们的城市公民行为。

表5-4　　　　　　　　　　城市公民行为（UCB）变量的测量量表

测量量表	编号	项目内容
有利于城市居民 个人的方面	UCB1	帮助身边的人解决工作或生活上的问题
	UCB2	平时多与周围的人交流与沟通
	UCB3	看到旁边有人吵架或打架时，即使不认识，也应该主动去劝解
	UCB4	公交车上应主动为有需要的人让座
	UCB5	应主动参加培训和学习，掌握更多知识，以适应城市生活
	UCB6	当有陌生人问路时，应该热心地给予指路
有利于城市 整体的方面	UCB7	即使没有人看到，也不该随手丢垃圾
	UCB8	主动告诉别人有关这个城市的好新闻，改正别人对这个城市的坏印象
	UCB9	应该热心参加本城市、本社区的公共活动，有机会就要提出自己的建议

---

　　①　有利于同事的公民行为共4个问题，包括乐意帮助同事适应环境、解决问题和分担工作，愿意与同事沟通协调。

　　②　有利于组织的公民行为共5个问题，包括主动自觉遵守规章制度，认真工作很少犯错，喜欢挑战性的工作，坚持学习进步和积极上班快速投入工作。

五、控制变量的测量

为了重点考察基本公共服务均等化对新生代农民工城市融合的影响，本书将第四章中阐述的城市融合的个人特征因素作为控制变量，具体主要包括：性别、民族、年龄、婚姻、在流入地居留时间、收入和人力资本状况（学历和方言掌握程度）等。由于许多城市的公共服务政策往往将外来人口在流入地居留时间的长短作为能否享有的一个条件；而经济收入的越低的人对自身权益的享有越敏感，比如享有公共服务所带来的城市生活成本节省对于收入较低的人更为重要；另外，本书的研究对象是新生代农民工，他们相对于老一代农民工都具有较高的人力资本，因此，本书更关注后面 4 个控制变量对基本公共服务均等化与新生代农民工城市融合之间关系的影响。除了年龄和在流入地居留时间这两个连续变量，本书将平均月收入变量划分为 5 个档次的分类变量，并将其他反映质的控制变量都做了数量化处理。本书控制变量的具体赋值见表 5 - 5。

表 5 - 5　　　　　　　　　　　控制变量的含义及赋值表

个人特征因素	定义与赋值
性别（G）	男 = 1；女 = 0
民族（N）	汉族 = 1；少数民族 = 0
年龄（Y）	由于调查的是 1980 年后出生的农民工，所以，被调查者年龄要求在 18 ~ 31 岁之间。
婚姻（M）	以"1"表示未婚，"0"表示已婚及其他
在流入地居留时间（LT）	要求居留时间最少为半年（即 0.5 年）
学历（E）	以"1"表示小学及以下，"2"表示初中，"3"表示高中或中专，"4"表示大专或以上
方言掌握程度（D）	分 3 类情况，D1 表示"当能够听懂流入地城市方言但不会说"时取值为"1"，否则为"0"；D2 表示"既能听懂也会说"时取值为"1"，否则为"0"
平均月收入（S）	根据流入地城市的月平均收入，分 5 个档次，"1"表示 1000 元及以下，"2"表示 1000 ~ 2000 元，"3"表示 2000 ~ 2500 元，"4"表示 2500 ~ 3500 元；"5"表示 3500 元及以上

第三节　量表预测试、数据获取与人口特征统计

一、量表预测试

为了提高量表的信度和效度，笔者在进行大规模调查之前进行了量表预测试。为了进行量表预测试，笔者将上述量表转化为调查问卷，并召集少数新生代农民工进行小规模访谈，通过他们的反馈对各项题目的内容和表述进行修正，加上各个量表都是来自于前人成熟量表，这样保证了本书中各个量表的内容效度。

笔者选择在浙江省绍兴市袍江经济技术开发区的新生代农民工为预试对象，通过现场发放问卷填答的方式进行数据收集，发放问卷 200 份，除去身份不符合填答严重不完整问卷，共回收有效问卷 166 份，有效回收率 83%。

（一）信度评估

信度又称可靠性，是测量结果免受误差影响的程度，是通过测量误差来估计量表的信度的。最常用的评价方法是克隆巴赫系数（Cronbach's Alpha）方法（Cronbach，1951），在实际应用中一般要求克隆巴赫系数值大于 0.70（Hinkin，1998）。本书对各个量表及其维度的信度都进行了评估，用 SPSS 软件进行数据统计，对各个量表的信度进行评估，结果见表 5-6。

表 5-6　　　　　各个变量的信度评估结果

变　量	测量项目	克隆巴赫系数
基本公共服务均等化（PS）	NDE，HI，OAI，UEI，II，MI，TI	0.7231
社会保障服务均等化（SI）	HI，OAI，UEI，II，MI	0.8510
城市融合（SID）	SI1，SI2，SI3，SN1，SN2，SN3，SN4，SP1，SP2，SP4	0.7458
心理健康（WPS）	WPS1，WPS2，WPS3，WPS4，WPS5	0.7602
身体健康（WPH）	WPH1，WPH2，WPH3	0.6120
心灵健康（WS）	WS1，WS2，WS3	0.7461
城市公民行为（UCB）	UCB1，UCB2，UCB3，UCB4，UCB5，UCB6，UCB7，UCB8，UCB9	0.8917

结果发现，除了身体健康量表，其他变量量表的信度分析的克隆巴赫系数均大于0.7，说明它们具有良好的内部一致性信度。其中，为了后续研究中进行社会保障服务均等化与城市融合的关系实证分析，本书对社会保障服务均等化变量进行了信度评估，其信度分析的克隆巴赫系数为0.8510；另外，在对城市融合量表进行信度评估过程中发现，当包含所有测量项目时信度分析的克隆巴赫系数为0.7237（大于0.7），但如果根据每个项目与量表得分之间的关系，删除"社会参与维度中的SP3项目"后，城市融合量表的内部一致性将得到改善，克隆巴赫系数提高为表5-6中所报告的0.7458；最后，由于全人健康属于合并型多维构念，在此只需对心理健康、身体健康和心灵健康三个维度进行信度评估。

（二）效度评估

在统计学中，效度经常被定义为测量的正确性，或者是量表是否能够测量到其所要测量的潜在概念，量表的效度中最重要的两个衡量指标是内容效度和构念效度。其中，构念效度是由聚合效度和区分效度所组成，聚合效度是指不同的观测项目是否可用来测量同一潜变量，而区分效度是指不同的潜变量之间是否存在显著差异（陈晓萍、徐淑英和樊景立，2008）。由于量表设计过程中已经保证了量表的内容效度，构念效度中的聚合效度主要用验证性因子分析来判断，区分效度的评价方法主要是探索性因子分析方法，但预测试数据的样本量有限无法满足同时进行探索性因子分析和验证性因子分析。另外，基本公共服务均等化量表都是客观测量题项，因此，本书在此主要是对城市融合量表、全人健康量表和城市公民行为量表分别进行区分效度评估。

1. 城市融合量表的探索性因子分析。根据上述分析，城市融合属于潜因子型多维构念，但是否确实由社会认同、社会关系网络转型和社会参与三个维度所反映，现有研究仍有争议。为了确定社会融合的概念结构，本书利用主成分分析和最大方差法对预试数据进行了探索性因子分析。本书首先按照特征根大于1的标准进行探索性因子分析，以确认10个观测项目可以提取的公因子数目，分析结果显示：样本充分性检验和样本分布检验得出KMO测试值为0.788（大于0.5），巴特利特（Batlett）球形检验卡方值是279.800，显著性概率为0.00（小于0.05），表明适合做因子分析；按照特征根大于1的标准，显示可以提取3个公因子，特征值分别是3.047、1.283和1.088，累计方差解释率达64.179%。隐去小于0.3的载荷系数，经最大方差正交旋转后的因子载荷的分布结果见表 5 – 7，反映了比较清晰的因子结构，基本符合本书为测量城市融合这一构念所划分的维度（见表 5 – 2），说明量表具有较好的区分效度。

表 5 – 7　　　　　　　城市融合的探索性因子分析结果

观测项目编号	因子 1	因子 2	因子 3
SI1		0.688	
SI2		0.562	
SI3		0.690	
SN1	0.687		
SN2	0.753		
SN3	0.733		
SN4	0.796		
SP1			0.794
SP2			0.635
SP4			0.716

注：提取方法为主成分分析法。旋转方法：方差最大化正交旋转法。a. 旋转经 3 次迭代收敛。

2. 全人健康量表的探索性因子分析。为了确定全人健康的概念结构，按照同样的方法，本书利用 SPSS 软件对预试数据进行探索性因子分析。首先按照特征根大于 1 的标准进行探索性因子分析，以确认 11 个观测项目可以提取的公因子数目，分析结果显示：样本充分性检验和样本分布检验发现 KMO 测试值为 0.775（大于 0.5），巴特利特（Batlett）球形检验卡方值是 1091.519，显著性概率为 0.00（小于 0.05），表明适合做因子分析；按照特征根大于 1 的标准，显示可以提取 3 个公因子，特征值分别是 3.596、1.668 和 1.053，累计方差解释率为 62.647%，但是项目 WPH3 的所有因子载荷中有两个均大于 0.5，存在横跨两个因子的现象，不符合量表区分效度的要求（Leder and Sethi，1991），应在量表中剔除。隐去小于 0.3 的载荷系数，经最大方差正交旋转后的因子载荷的分布结果见表 5 – 8，反映了比较清晰的因子结构，表明具有较好的区分效度。

表 5 – 8　　　　　　　　全人健康的探索性因子分析结果

观测项目编号	因子 1	因子 2	因子 3
WPS1	0.762		
WPS2	0.699		
WPS3	0.808		
WPS4	0.593		0.300
WPS5	0.632		
WPH1			0.678
WPH2			0.880
WPH3	0.570		0.583
WS1		0.832	
WS2		0.647	
WS3		0.896	

注：提取方法为主成分分析法。旋转方法：方差最大化正交旋转法。a. 旋转经 3 次迭代收敛。

3. 城市公民行为量表的探索性因子分析。同上述方法一样，为了确定城市公民行为的概念结构，本书利用 SPSS 软件对预试数据进行了探索性因子分析。按照特征根大于 1 的标准进行探索性因子分析，以确认 9 个观测项目可以提取的公因子数目，分析结果显示：样本充分性检验和样本分布检验发现 KMO 测试值为 0.887（大于 0.5），巴特利特（Batlett）球形检验卡方值是 645.012，显著性概率为 0.00（小于 0.05），表明适合做因子分析；按照特征根大于 1 的标准，显示可以提取两个公因子，特征值分别是 4.790 和 1.053，累计方差解释率为 64.439%，但是，UCB3 和 UCB8 显示从属一个公因子，这与第二节中关于城市公民行为包含的两个维度与问项之间的关系不符，同时，项目 UCB3 的两个因子载荷均大于 0.5，存在横跨两个因子的现象，不符合量表区分效度的要求，应从量表中剔除（见表 5 – 9，隐去了小于 0.3 的载荷系数）。量表剔除 UCB3 后的因子分析表明只能提取 1 个公因子，因此，根据预试数据的探索性因子分析，本书对城市公民行为变量的测量表现为一个单维构念。

表 5 - 9　　　　　　　城市公民行为的探索性因子分析结果

观测项目编号	因子 1	因子 2
UCB1	0.710	
UCB2	0.751	
UCB3	0.549	0.638
UCB4	0.794	
UCB5	0.736	
UCB6	0.678	
UCB7	0.828	
UCB8	0.770	
UCB9	0.756	

注：提取方法为主成分分析法。旋转方法：方差最大化正交旋转法。a. 旋转经 3 次迭代收敛。

从上述探索性因子分析的结果知道，城市融合量表和全人健康量表都表现出较好的区分效度。但是，结合信度评估结果，全人健康量表中关于身体健康变量的测量项目，应该去掉项目 WPH3，这样精简后的身体健康测量子量表将只包括两个问项。而关于城市公民行为量表，虽然测量项目设置时将 9 个问项划分为有利于城市居民个人和有利于城市整体两个方面，但探索性因子分析表明二者的区分效度不好，加上本书主要关注城市融合对新生代农民工的城市公民行为整体上的影响，因此，后续大规模样本数据分析时，本书将把城市公民行为作为单维构念进行分析检验，且修正后的量表由 8 个问项构成。

二、正式调查与样本量确定

（一）调查方式和数据获取

通过预调查的数据进行预测试分析并修订量表和调查问卷后，笔者采用最终问卷进行正式的大规模调查。

笔者选择浙江省所辖城市进行正式调查，主要原因在于：一是浙江省作为东部经济发达省份，其所辖城市中外来打工的青年农民工比较集中；二是浙江省自 2008 年开始推行基本公共服务均等化政策，为本书从基本公共服务均等化视角研究城市融合问题提供了条件。

本次调查的调查时间为 2011 年 11～12 月，选取浙江省的杭州、宁波、绍兴和嘉兴 4 个城市的工业区和外来人口聚居区，在下班时间随机抽取外来务工人员进行当场问卷填答，要求被试对象必须是"80后"农民工。共计发放问卷1000份，剔除被调查者身份不符合填答不完整的问卷，有效回收问卷869份，有效回收率86.9%。

（二）研究方法与样本量确定

根据本书提出的实证概念模型（见图5-1），基本公共服务均等化在模型中是城市融合的前因变量，而全人健康和城市公民行为是城市公民行为的后果变量，因此，城市融合在整个模型中属于中介变量。对于中介作用的检验，以往研究大多采用的是巴伦和肯尼（Baron and Kenny，1986）的回归方法[①]，根据该方法，如果城市融合变量起中介变量的作用需要满足以下条件：一是作为自变量的基本公共服务均等化的变化能够显著地解释全人健康和城市公民行为等后果变量的变化；二是自变量的变化能显著地解释中介变量；三是当控制中介变量后，自变量对后果变量的影响应等于0，或者显著降低，同时中介变量对后果变量的影响显著不等于0。这表明城市融合起到了中介变量的作用，当自变量对后果变量的影响等于0时，中介变量在此起到了完全中介作用；当自变量对后果变量的影响不等于0但小于自变量独立对后果变量的影响时，说明中介变量起到了部分中介作用。但麦肯尼、劳克伍德和霍夫曼（Mackinnon、Lockwood and Hoffman，2002）总结了14种检验中介变量的方法后，认为巴伦和肯尼（1986）方法的统计功效很低，建议应直接检测"自变量到中介变量的关系"和"中介变量到后果变量的关系"。因此，本书中将采用两个相对独立的模型，分别检验"基本公共服务均等化到城市融合的关系"和"城市融合到全人健康和城市公民行为的关系"，前者主要采用多元回归分析方法，后者采用结构方程分析方法。多元回归方法的样本量要求一般在自变量数的20倍以上，本书的多元回归模型中自变量数量最多时达10个，因此，要求的样本量应超过200个；而结构方程模型中，一般要求模型中待估参数与样本的比例最好保持在1：5至1：10之间，本书的结构方程模型中待估参数最多有73个，要求的样本量在365~730。从有效回收的问卷数来看，能够满足实证研究要求的样本量。

[①] 罗胜强和姜嬿（2008）关于该方法的介绍，转引自：陈晓萍、徐淑英和樊景立：《组织与管理研究的实证方法》，北京：北京大学出版社2008年版，第326~327页。

三、样本的人口特征统计

样本数据的人口特征统计主要反映个人特征等控制变量的情况。本书分别对性别、民族、婚姻、学历、方言掌握程度和平均月收入等分类变量与年龄、在流入地居留时间等连续变量进行描述性统计分析，描述性统计结果见表5－10和表5－11。

表5－10　　　　　　样本（N＝869）的性别、民族、婚姻、学历、
　　　　　　　　　流入地方言掌握和月平均收入的分布情况

个人特征变量	类别	频数	百分比（%）
性别（G）	男	660	76.0
	女	209	24.0
民族（N）	汉族	727	83.7
	少数民族	142	16.3
婚姻（M）	未婚	360	41.4
	已婚或其他	509	58.6
学历（E）	小学及以下	12	1.4
	初中	217	59.1
	高中或中专	137	37.3
	大专或以上	19	2.2
流入地方言掌握程度（D）	既听不懂也不会说	410	47.1
	能听懂但不会说	350	40.3
	既能听懂也会说	109	12.5
月平均收入（S）	1000元及以下	33	3.8
	1000~2000元	217	23.2
	2000~2500元	244	28.1
	2500~3500元	301	34.6
	3500元及以上	90	10.4

表5－11　　　样本（N＝869）的年龄、流入地居留时间的描述性统计

变量	均值	标准差	最小值	最大值
年龄	25.392	3.4969	18	30
流入地居留时间（年）	3.670	2.8122	0.6	12.0

首先，由表 5 – 10 可以看出，在 869 份有效问卷中，（1）从被调查者的性别分布来看，男性被调查者 660 人，占总样本总数的 76.0%，女性被调查者 209 人，占样本总数的 24.0%，男性比例相对较高；（2）被调查者中汉族占很高的比例，汉族被调查者 727 人，占样本总数的 83.7%，少数民族共 142 人，占样本总数的 16.3%；（3）从婚姻状况的分布看，未婚的被调查者 360 人，占样本总数的 41.4%，已婚或其他的被调查者 509 人，占样本总数的 58.6%，占比较高；（4）从学历分布来看，被调查者中小学及以下的学历与大专或以上学历的人较少，分别为 12 人和 19 人，分别占样本总数的 1.4% 和 2.2%，初中与高中或中专文化程度的人占比较高，分别为 59.1% 和 37.3%，与国家统计局发布的 2009 年农民工检测报告数据[①]对比：该报告所统计的外出农民工中高中文化程度占 13.1%，比本书的统计占比低，说明新生代农民工在整个农民工群体中平均文化程度较高；（5）从方言的掌握程度来看，"能听懂但不会说"和"既能听懂也会说"的被调查者分别有 350 人和 109 人，占样本总数的 40.3 和 12.5%，二者合计占样本总数 52.8%，因为方言掌握程度曾被一些研究作为外来移民在流入地的文化融入指标（张文宏和雷开春，2009；陆康强、程英和钱文杰，2010），本书的统计结果表明超过一半的新生代农民工对流入地城市的文化有所了解和认识；（6）从平均月收入的分布来看，按照本书所划分的 5 个档次，被调查者月平均收入为 1000 元及以下的占样本总数 3.8%，月平均收入 1000 ~ 2000 元、2000 ~ 2500 元、2500 ~ 3500 元以及 3500 元及以上的分别占样本总数的 23.2%、28.1%、34.6% 和 10.4%，与国家统计局发布的 2009 年农民工检测报告数据相比，东部地区农民工收入有了较大幅度提高。

其次，由表 5 – 11 可以看出，（1）从年龄来看，被调查者平均为 25.4 岁，年龄最小的为 18 岁（即 1992 年出生），最大的为 30 岁（即 1980 年出生）；（2）从流入地居留时间来看，被调查者平均在流入地工作生活的时间为 3.7 年，时间最长的高达 12 年，最短的为半年。

第四节　假设检验与结果讨论

本节主要关注研究假设的检验，第一部分检验基本公共服务均等化对新生

---

① 2009 年农民工监测调查报告，http://www.stats.gov.cn/tjfx/fxbg/t20100319_402628241.htm.

代农民工城市融合的影响，采用多元回归分析方法；第二部分采用结构方程分析方法，首先对城市融合的概念结构进行验证性因子分析，接着，检验新生代农民工的城市融合对他们的全人健康和城市公民行为的影响。

一、基本公共服务均等化对城市融合影响的多元回归分析

该部分为了检验基本公共服务均等化对新生代农民工城市融合的影响，根据前文假设，首先，本书以城市融合为因变量，选取城市融合量表各测量项目的测量结果求平均，以均值来代表新生代农民工的城市融合程度，最高值为5，最低值为1；接着，分别以基本公共服务均等化为自变量、以个人特征因素为控制变量，建立多元回归模型，其中，以表5－1中各项基本公共服务的测量指标的合计值表示基本公共服务均等化水平指数 PS（不包括"是否参加过流入地政府组织的职业技能培训 T"和"就读学校选择 ST"两项指标[①]），最高值为7，最低值为0；进一步地，以基本社会保障均等化水平为自变量与城市融合建立回归模型，其中，同上用表5－1中各项保险指标的测量合计值代表社会保障均等化指数，最高值为5，最低值为0；然后，以单项基本公共服务均等化水平为自变量与城市融合建立回归模型；最后，以义务教育服务均等化水平为自变量与城市融合建立回归模型，进行回归分析。

（一）各项基本公共服务均等化和城市融合的描述性统计

1. 新生代农民工基本公共服务均等化水平评价。首先，由表5－12可以看出，总体上新生代农民工在流入地享有的基本功服务均等化水平不高，平均值为2.536。根据本书关于基本公共服务均等化测量指标的设置标准，各项服务以流入地城镇居民为参照，各项指标得分默认为1，则整体上流入地城镇居民的基本公共服务水平最高达7，因此，以最高值7为标准，在流入地工作生活的新生代农民工整体的基本公共服务均等化水平（不包括义务教育）仅相当于城镇居民的36.2%（以2.536除以7的百分数）。

---

① 对所有调查样本的统计结果发现，没有任何人参加过流入地政府组织的职业技能培训，因此，该项指标无法反映就业公共服务均等化情况，因此，本书在统计分析中将该指标剔除，仅以"是否无用工差别 NDE"对就业公共服务均等化进行测量。另外，样本中仅有235个被调查者有上学子女，本书将专门对义务教育公共服务进行检验。

表 5 - 12　　各变量的 Pearson 相关系数

变量	均值	标准差	OAI	HI	II	MI	TI	UEI	SIS	PS	SID
NDE	0.542	0.4989	0.163(**)	0.084	0.057	-0.125(*)	0.059	0.113(*)	0.141(**)	0.390(**)	0.280(**)
OAI	0.409	0.4923		0.731(**)	0.399(**)	0.203(**)	0.467(**)	0.460(**)	0.815(**)	0.817(**)	0.568(**)
HI	0.474	0.5000			0.477(**)	0.171(**)	0.487(**)	0.411(**)	0.819(**)	0.795(**)	0.517(**)
II	0.357	0.4798				0.147(**)	0.238(**)	0.488(**)	0.710(**)	0.669(**)	0.445(**)
MI	0.044	0.2045					0.153(**)	0.164(**)	0.341(**)	0.278(**)	0.254(**)
TI	0.158	0.3653						0.279(**)	0.709(**)	0.673(**)	0.479(**)
UEI	0.545	0.3153							0.466(**)	0.570(**)	0.497(**)
SIS	10.425	10.5344								0.944(**)	0.643(**)
PS	20.536	10.8135									0.703(**)
SID	20.268	0.6457									

注：N=869。**表示 p<0.01；*表示 p<0.05。样本中有 235 个被调查者有上学子女，本书将专门对其进行统计分析，因此表中不包含义务教育公共服务指标的统计结果。

其次，结合表 5 - 12 和表 5 - 13 的结果，相对于流入地城镇居民，各个单项基本公共服务均等化水平如下：（1）以"有无差别用工（NDE）"对就业公共服务均等化的测量结果显示，新生代农民工享有的就业公共服务均等化水平仅为 54.3%。（2）社会保障公共服务的均等化水平（SIS）仅为 28.5%（以 1.425 除以 5 的百分数），各项保险的均等化水平从高到低依次为医疗保险（HI）47.4%、养老保险（OAI）40.9%、工伤保险（II）35.7%、失业保险（UEI）15.8%、生育保险（MI）4.4%，均未过半；所有被调查者中，5 项社会保险都未能参加的人数占样本总数的比例高达 43.1%，而 5 项保险都参加的人仅为 2.5%。（3）以"子女就读学校选择（ST）"来测量的义务教育服务均等化水平来看，235 个样本中能够真正"免借读费在城市公办学校就读"的仅有 16 人，占 6.7%，而"留守家乡学校就读"的比例仍高达 41.3%。（4）以"就医选择（TI）"来判断公共卫生和基本医疗服务均等化水平来看，均等化水平在城镇居民的一半左右，为 54.5%，生病时有 365 人选择"自己到药店买药救治"，占样本总数的 42.0%，被调查者中只有 206 人愿意"去正规医院看病"，仅占样本总数的 23.7%，这势必影响新生代农民工的健康水平。

表 5 - 13　　　　新生代农民工享有各项基本公共服务的分布情况

子项目	具体测项指标	频数	百分比（%）
就业公共服务（有无差别用工 NDE）	有差别用工	398	45.8
	无差别用工	471	54.2
社会保障（医疗保险 HI、养老保险 OAI、失业保险 UEI、工伤保险 II、生育保险 MI）	未参加任何保险的比例	375	43.1
	5 项保险中参加 1 项的比例	128	14.7
	5 项保险中参加 2 项的比例	133	15.3
	5 项保险中参加 3 项的比例	114	13.1
	5 项保险中参加 4 项的比例	99	11.4
	5 项保险都参加的比例	22	2.5
子女义务教育（就读学校选择 ST）	辍学	30	12.6
	留守家乡学校就读	97	41.3
	在城市民办学校或农民工子弟学校就读	62	26.4
	在城市公办学校就读但承担借读费	30	12.6
	免借读费在城市公办学校就读	16	6.7

续表

子项目	具体测项指标	频数	百分比（%）
公共卫生和基本医疗服务 （就医选择 TI）	不看病不吃药	78	9.0
	自己到药店买药	365	42.0
	去个体诊所看病	220	25.3
	去正规医院看病	206	23.7

注：其中子女义务教育服务对应的样本数为235，其他各项公共服务对应的样本数都是869。

2. 城市融合评估和各变量相关关系的描述性分析。本章第三节中已经对被调查对象的个人特征变量（控制变量）进行了描述性统计，为了节省篇幅，表5-13不再进行报告，只报告各项基本公共服务均等化指标、社会保障服务均等化指标（SIS）、整体基本公共服务均等化指标（PS）和城市融合变量（SID）的描述性统计结果。

首先，由表5-13知道，被调查者的城市融合平均水平较低，仅为2.268（最高值为5）。同时，城市融合变量与单项基本公共服务均等化变量在统计上都显著正相关（$p < 0.01$），支持假设2c，并导致了城市融合变量与基本公共服务均等化变量的正相关关系非常显著，支持假设2a。

其次，从各项基本公共服务之间的相关关系来看，除了就业公共服务（即有无用工差别 NDE），各项社会保障服务均等化变量之间以及它们分别与"公共卫生和基本医疗服务均等化"变量之间都具有显著正相关关系，基本支持假设1。就业公共服务与其他基本公共服务之间在统计上未能表现出正相关关系，这可能说明以"有无用工差别"对就业公共服务进行测量并不恰当，因为用工差别主要反映了企事业单位的劳动制度和政府对劳动用工的监管，而公共就业服务主要包括政府的就业培训和就业扶助服务，因此，今后研究需要对该项公共服务采取其他指标进行测量。

（二）多元回归分析与结果讨论

1. 基本公共服务均等化水平（不包括义务教育）与城市融合的回归分析。本书以新生代农民工的城市融合程度为因变量，分别以基本公共服务均等化为自变量、以个人特征因素为控制变量，建立多元回归模型，其回归方程如下：

$$SID = \beta_0 + \beta_1 PS + \beta_2 G + \beta_3 N + \beta_4 Y + \beta_5 LT + \beta_6 M$$
$$+ \beta_7 E + \beta_8 D_1 + \beta_9 D_2 + \beta_{10} S + u_i$$

其中，SID 表示城市融合变量；PS 表示基本公共服务均等化水平变量（不包括义务教育）；G 表示性别；N 表示民族；Y 表示年龄；LT 表示流入地居留时间；M 表示婚姻；E 表示学历；D 表示方言掌握程度的虚拟变量；S 表示月均收入水平。

在分析前，本书对模型进行了序列相关检验和共线性检验，DW 值为1.692，说明样本数据不存在严重的序列相关，并且，本书采用的容许度和方差膨胀因子进行的共线性检验结果也显示，各个变量不存在严重的序列相关和多重共线性，限于篇幅本书在表 5 - 14 中未进行报告（并且，表中其他几个模型都通过了序列相关检验和共线性检验，后续分析中将略去）。上述模型的回归结果见表 5 - 14 中的模型 1。

表 5 - 14　　　　　　　　　　　多元回归分析结果

常数项		模型 1		模型 2		模型 3		模型 4
		1.549（***）		1.655（***）		1.553（***）		1.354（***）
各项自变量	PS	0.210（***）	SIS	0.201（***）	NDE	0.237（***）	ST	0.776（***）
	G	-0.070（0.260）	G	-0.057（0.379）	SIS	0.182（***）	NDE	0.279（***）
	N	0.076（0.247）	N	0.072（0.296）	TI	0.387（***）	OAI	0.151（0.144）
	Y	-0.014（0.197）	Y	-0.017（0.143）	G	-0.052（0.404）	HI	0.090（0.398）
	LT	0.011（0.429）	LT	0.007（629）	N	0.082（0.212）	II	0.252（*）
	M	0.099（0.104）	M	0.055（0.388）	Y	-0.015（0.157）	MI	0.551（**）
	E	0.030（0.555）	E	0.082（0.118）	LT	0.012（0.397）	UEI	0.315（*）
	D1	0.163（*）	D1	0.203（**）	M	0.097（0.112）	TI	0.196（0.191）
	D2	0.348（***）	D2	0.428（***）	E	0.012（0.808）		
	S	0.083（**）	S	0.106（**）	D1	0.168（*）		
					D2	0.317（***）		
					S	0.075（**）		
F		43.292（***）		35.111（***）		36.076（***）		23.112（***）
调整 R^2		0.536		0.482		0.535		0.569
DW 值		1.692		1.753		1.708		1.775
样本 N		869		869		869		235

注：+表示 $p < 0.1$；＊表示 $p < 0.05$；＊＊表示 $p < 0.01$；＊＊＊表示 p 值（0.000）极小。

回归结果显示，在控制了性别、民族、年龄、流入地居留时间、婚姻、学历、方言掌握程度和月均收入水平等个人特征因素的影响后，基本公共服务均等化水平变量（PS）对新生代农民工的城市融合（SID）具有显著的积极影响，进一步支持了假设2a，说明提高新生代农民工的基本公共服务均等化水平将有助于他们的城市融合。另外，就个人特征影响因素而言，只有D1、D2和S三个变量对城市融合的影响在统计上显著，说明新生代农民工个人对流入地方言的掌握将有助于他的城市融合，并且，收入越高越有利于其城市融合。

2. 社会保障服务均等化水平与城市融合的回归分析。接着，本书以社会保障均等化水平（SIS）为自变量，建立多元回归方程如下：

$$SID = \beta_0 + \beta_1 SIS + \beta_2 G + \beta_3 N + \beta_4 Y + \beta_5 LT + \beta_6 M$$
$$+ \beta_7 E + \beta_8 D_1 + \beta_9 D_2 + \beta_{10} S + u_i$$

回归结果见表5-14中的模型2，结果显示，控制了个人特征影响因素后，单独就基本社会保障均等化水平而言，对新生代农民工城市融合的影响在统计上也表现出了显著的积极关系，假设2b得到了支持。

3. 单项基本公共服务均等化水平与城市融合的回归分析。进一步地，本书以就业公共服务均等化水平（NDE）、社会保障服务均等化水平（SIS）、公共卫生和基本医疗服务均等化水平（TI）以及控制变量为自变量，建立多元回归方程如下：

$$SID = \beta_0 + \beta_1 NDE + \beta_2 SIS + \beta_3 TI + \beta_4 G + \beta_5 N + \beta_6 Y + \beta_7 LT$$
$$+ \beta_8 M + \beta_9 E + \beta_{10} D_1 + \beta_{11} D_2 + \beta_{12} S + u_i$$

从表5-14中模型3的回归结果来看，在控制了个人特征因素的影响后，单项基本公共服务均等化水平在统计上都对新生代农民工的城市融合具有积极影响。具体来讲，它们对新生代农民工城市融合的影响程度，在统计上表现出从大到小的次序依次是公共卫生和基本医疗服务均等化水平（TI）、就业公共服务均等化水平（NDE）、基本社会保障均等化水平（SIS），但三者的差异不大。因此，为了提高新生代农民工的城市融合，要对各项基本公共服务均等化都形成重视。

4. 义务教育服务均等化水平与城市融合的回归分析。由于被调查样本中仅有235个被调查者有正在上学的子女，并且都处于义务教育阶段，因此，本书单独以这235个样本数据对子女义务教育服务均等化对新生代农民工城市融合的影响进行考察。本书以"子女就读学校选择方式ST"来测量子女义务教育服务的均等化水平，并同其他基本公共服务测量指标一起作为自变量（由于样本量有限，模型中并未包括个人特征因素变量），建立多元回归方程如下：

$$SID = \beta_0 + \beta_1 ST + \beta_2 NDE + \beta_3 OAI + \beta_4 HI + \beta_5 II$$
$$+ \beta_6 MI + \beta_7 UEI + \beta_8 TI + u_i$$

简单相关分析显示，义务教育服务均等化水平与其他各项基本公共服务均等化测量指标之间都显著正相关，进一步支持了假设 2c，而义务教育 ST 的均值为 0.398（标准差为 0.2685），反映出相对于流入地城镇居民，新生代农民工子女享有的义务教育均等化水平仅为 39.8%（篇幅所限，未对模型中各变量之间的 Pearson 相关系数进行报告）。

由表 5 - 14 中模型 4 的回归结果来看，在控制了其他基本公共服务均等化水平变量的影响后，子女义务教育服务均等化水平对新生代农民工城市融合在统计上具有积极的显著影响，且相对于其他公共服务的影响更为突出，因此，解决好新生代农民工下一代子女的义务教育问题，将对他们的城市融合具有非常大的帮助。

二、城市融合、全人健康与城市公民行为的结构方程分析

上文通过多元回归分析方法对新生代农民工城市融合的前因变量进行了统计分析，该部分将利用结构方程分析方法对城市融合的后果变量进行分析。首先，本文先在前文城市融合量表测量的基础上，进一步通过验证性因子分析对其进行聚合效度评估，并检验其概念结构。接着，以城市融合为自变量，将身、心、灵健康和城市公民行为作为因变量，建立结构方程模型对它们之间的假设关系进行检验。

（一）城市融合概念结构的验证性因子分析

通过预测试中的探索性因子分析，本书确定了城市融合的正式量表。为了对城市融合变量进行聚合效度评估，首先，本书将城市融合构念作为包含社会认同、社会关系网络转型和社会参与三个一阶因子的测量模型（即模型 5），选取 869 份正式调查样本利用 LISREL 软件进行验证性因子分析，结果见表 5 - 15 中的模型 5。从拟合指数来看，χ^2 值为 117.90（p = 0.0），df 为 35，$\chi^2/df = 3.37$（小于 5 : 1），GFI = 0.94，RMSEA = 0.082（接近可接受阈值 0.08），CFI = 0.91，NNFI = 0.88，SRMR = 0.065（大于 0.05，但小于 0.08），

综合来看观测指标对三个维度的反映关系与样本数据基本拟合。因此，从拟合指标上表明，城市融合量表具有较好的聚合效度和区分效度。

表 5 – 15　　　　　　　　　城市融合的因子结构模型比较分析过程

拟合指标	临界值	模型 5	模型 6
χ^2	p 值大于 0.05	117.90（p = 0.00）	53.09（p = 0.011）
df		35	32
χ^2/df	小于 5:1	3.37	1.66
RMSEA	小于 0.08	0.082（p close = 0.00054）	0.040（p close = 0.78）
NNFI	大于 0.9	0.88	0.97
CFI	大于 0.9	0.91	0.98
SRMR	小于 0.05	0.065	0.040
GFI	大于 0.9	0.94	0.97

注：χ^2/df 表示卡方与自由度的比值；RMSEA 为均方根近似误差；NNFI 为非规范拟合指数；CFI 为比较拟合指数；SRMR 为标准化后的均方根残差；GFI 为拟合优度。

其次，为了对本章第二节提出的城市融合二阶因子概念模型进行检验，本书对城市融合构念进行了一阶因子测量模型和二阶因子测量模型的检验和对比。整个模型比较过程见表 5 – 15。城市融合量表共包括 SI1、SI2、SI3、SN1、SN2、SN3、SN4、SP1、SP2 和 SP4 共 10 个观测项目，其中，一阶因子测量模型中的一阶因子为城市融合；而二阶因子测量模型中社会认同、社会关系网络转型和社会参与是一阶因子，城市融合为高阶因子（拟合结果见模型 6）。由表 5 – 15 的验证性因子分析结果不难发现，模型 5 的拟合指数中 χ^2 的 p 值和 p close 值都小于 0.05，且 RMSEA 和 SRMR 都略高于临界值；而模型 6 的拟合指数中虽然 χ^2 的 p 值也小于 0.05，但 p close 值大于 0.05，其他指标也反映了较高的拟合度，因此，模型 6 相比较模型 5 表现出与数据更好的拟合效果。因此，通过验证性因子分析结果的比较知道，城市融合的概念结构更可能是模型 6 所表现的二阶因子结构。

由以上分析可以看出，城市融合构念的因子结构模型表现为二阶因子结构模型，支持假设 3，其估计出参数后的模型路径图见图 5 – 2。

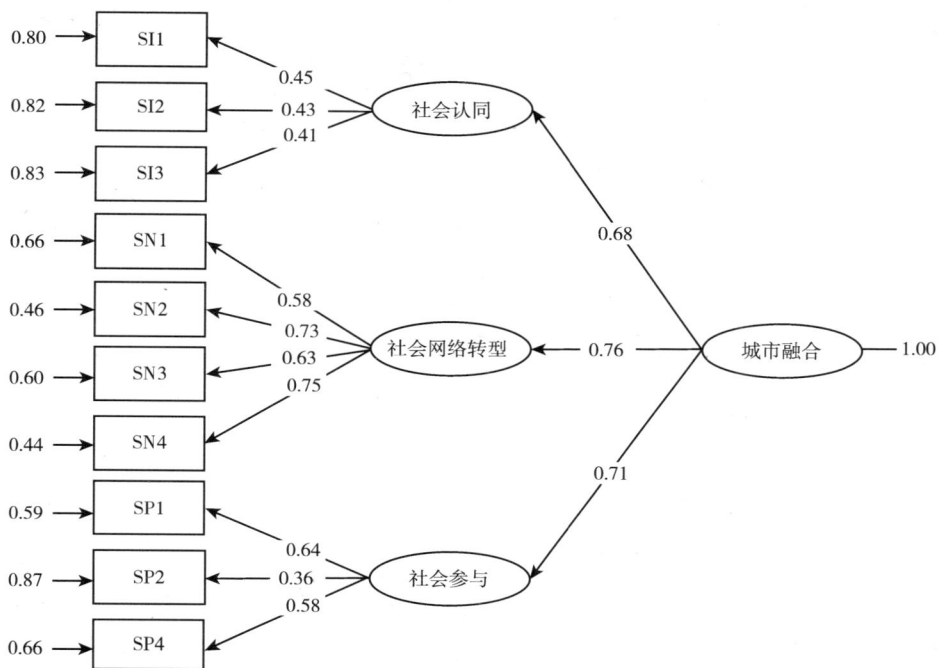

图 5 - 2   城市融合二阶因子结构模型（系数为标准化后的）

（二）结构方程分析与结果讨论

本书分两个步骤来检验假设 4 和假设 5：第一步，运用验证性因子分析来检验结构方程（见图 5 - 3）中所涉及的 5 个变量——城市融合、身体健康、心理健康、心灵健康和城市公民行为——的聚合效度和区分效度；第二步，建立结构方程模型，以检验城市融合及其后果变量之间的效应关系。

1. 变量效度的验证性检验。本书采用两种方法进行效度评估，一种是通过模型与数据的拟合情况来评估；另一种就是使用平均方差抽取量（Average Variance Extracted，AVE）来衡量。首先，本书将城市融合变量的三个因子（社会认同 SI、社会关系网络转型 SN 和社会参与 SP）作为显示条目，与城市公民行为变量的观测项目、全人健康各维度的观测项目一起进行验证性因子分析。验证性因子分析结果显示，χ^2 值为 688.8（p = 0.0），df 为 179，$\chi^2/\mathrm{df} = 3.85$（小于 5:1）。从绝对拟合指标来看，GFI = 0.85，RMSEA =

0.086，接近可接受阈值 0.08；相对拟合指标 CFI = 0.92，NNFI = 0.91，二者都大于 0.9，反映了较高的拟合度。因此，从拟合指标上表明，城市融合、城市公民行为，以及身、心、灵健康等概念之间具有良好的聚合效度和区分效度。

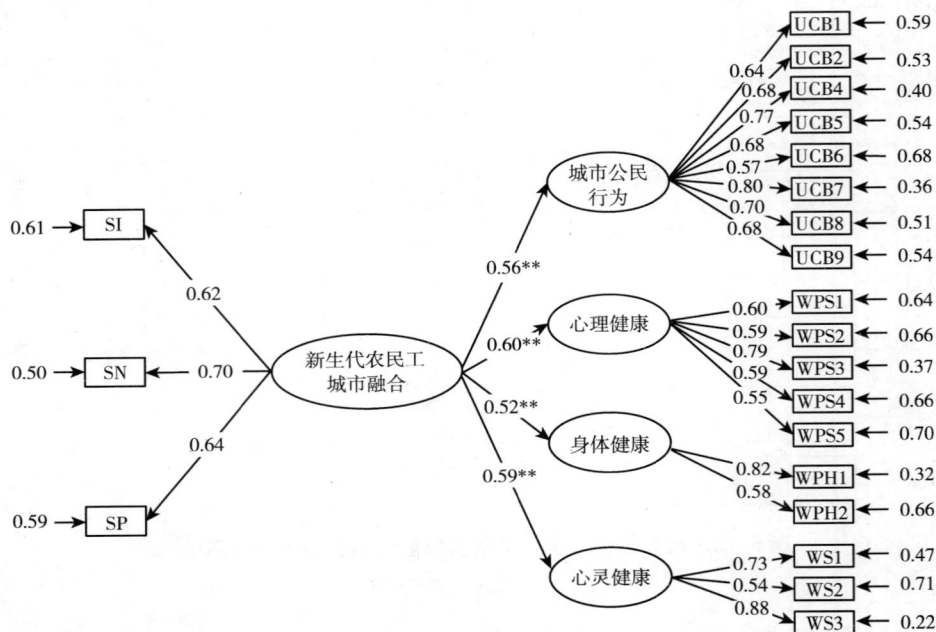

图 5-3　城市融合与城市公民行为、身、心、灵健康的效应关系

注：** 表示 p < 0.01。

　　进一步地，本书根据验证性因子分析结果计算了各个潜变量的平均方差抽取量 AVE 的平方根，其结果见表 5-16（对角线上括号中的数据）。各个潜变量的 AVE 平方根均在 0.5 以上，这表明测量指标的解释力超过了其误差方差，各个潜变量的测量具有足够的聚合效度（黄芳铭，2005）。另外，由表 5-16 中结果不难发现，各个潜变量的 AVE 平方根均大于其与其他潜变量的相关系数，说明每一个潜变量与其自身的测量项目分享的方差大于与其他测量项目分享的方差，满足区分效度的评估标准，因此，进一步验证了各个潜变量之间具有区分效度。

表 5 - 16　　　　　　城市融合、城市公民行为、全人健康的效度检验

变量	SID	UCB	WPS	WPH	WS
城市融合（SID）	(0.57)				
城市公民行为（UCB）	0.50	(0.67)			
心理健康（WPS）	0.54	0.19	(0.57)		
身体健康（WPH）	0.36	0.15	0.42	(0.54)	
心灵健康（WS）	0.50	0.51	0.28	0.33	(0.53)

注：对角线括号中数据为平均方差抽取量 AVE 的平方根，其他数据为各个潜变量之间的相关系数。

2. 结构模型与假设检验。根据表 5 - 17，将城市融合变量的三个因子（社会认同 SI、社会网络 SN 和社会参与 SP）作为显示条目，与城市公民行为变量的观测项目、全人健康各维度的观测项目进行相关关系的描述性分析知道，除了心理健康变量中的项目，大部分项目之间在统计上显著相关，因此，可以建立结构模型以检验假设 4 和假设 5。结构方程模型图见图 5 - 3。

在城市融合与城市公民行为、身、心、灵健康的关系模型中，卡方与自由度的比值为 $\chi^2/df = 4.58$（小于 5∶1），RMSEA = 0.096，位于 0.08 ~ 0.10 之间，拟合程度一般，NNFI 的值为 0.88，CFI 的值为 0.90，GFI 的值为 0.83，从以上拟合指标综合判断，模型与样本数据的拟合尚可接受。

结构方程模型的路径计算结果见图 5 - 3，其中，在显著性水平为 0.01 下，城市融合对新生代农民工的身、心、灵健康的影响路径系数分别为 0.52、0.60 和 0.59，因此，假设 4a、假设 4b 和假设 4c 得到支持与验证，综合来说，城市融合有助于提升新生代农民工的全人健康水平。另外，城市融合对城市公民行为的影响路径系数为 0.56，显著性概率值小于 0.01，因此，城市融合对新生代农民工的城市公民行为具有显著的解释能力，支持假设 5。总的来讲，结构方程分析结果表明，新生代农民工的城市融合在微观上有利于个体的健康发展，而在中观或宏观层面上将有利于城市社会的健康发展。

表 5-17　城市融合、城市公民行为与全人健康各个项目之间相关关系的描述性统计

变量	项目	均值	标准差	SN	SP	UCB1	UCB2	UCB4	UCB5	UCB6	UCB7	UCB8	UCB9	WPS1	WPS2	WPS3	WPS4	WPS5	WPH1	WPH2	WS1	WS2	WS3
城市融合	SI	1.320	0.7305	0.348(**)	0.325(**)	0.246(**)	0.235(**)	0.308(**)	0.248(**)	0.369(**)	0.374(**)	0.321(**)	0.320(**)	0.280(**)	0.312(**)	0.347(**)	0.268(**)	0.259(**)	0.232(**)	0.123(**)	0.308(**)	0.209(**)	0.254(**)
	SN	2.133	0.7955		0.471(**)	0.097	0.141(**)	0.067	0.109(*)	0.092	0.175(**)	0.135(**)	0.175(**)	0.006	0.066	0.026	0.008	0.089	0.117(*)	0.007	0.136(**)	-0.007	0.068
	SP	3.351	0.8248			0.204(**)	0.209(**)	0.143(**)	0.145(**)	0.049	0.151(**)	0.115(*)	0.242(**)	0.051	0.065	0.139(**)	0.011	0.128(*)	0.067	0.106(**)	0.232(**)	0.163(*)	0.125(*)
城市公民行为	UCB1	3.992	0.7186				0.472(**)	0.565(**)	0.446(**)	0.437(**)	0.399(**)	0.395(**)	0.478(**)	0.068	0.085	-0.015	-0.056	0.076	0.045	0.089	0.408(**)	0.055	0.375(**)
	UCB2	4.155	0.7132					0.519(**)	0.474(**)	0.386(**)	0.538(**)	0.472(**)	0.472(**)	0.012	0.122(*)	0.030	0.059	0.059	0.045	0.038	0.447(**)	0.120(*)	0.425(**)
	UCB4	4.352	0.7605						0.566(**)	0.501(**)	0.657(**)	0.443(**)	0.458(**)	0.016	0.129(*)	0.025	0.186(**)	0.073	0.133(*)	0.041	0.451(**)	0.032	0.380(**)
	UCB5	4.283	0.7832							0.395(**)	0.555(**)	0.475(**)	0.387(**)	-0.048	0.065	-0.050	0.093	0.075	0.079	0.062	0.367(**)	0.118(*)	0.367(**)
	UCB6	4.106	0.7942								0.471(**)	0.321(**)	0.264(**)	0.050	0.114(*)	0.061	0.079	0.054	0.003	0.007	0.363(**)	0.000	0.267(**)
	UCB7	4.251	0.7031									0.585(**)	0.532(**)	0.065	0.142(**)	0.113(*)	0.158(**)	0.161(**)	0.126(**)	0.150(**)	0.398(**)	0.141(**)	0.413(**)
	UCB8	3.834	0.7662										0.661(**)	0.218(**)	0.209(**)	0.207(**)	0.230(**)	-0.046	0.124(*)	0.082	0.285(**)	0.134(**)	0.310(**)
	UCB9	3.717	0.7971											0.095	0.179(**)	0.167(**)	0.054	0.130(*)	0.139(**)	0.143(**)	0.352(**)	0.161(**)	0.338(**)
心理健康	WPS1	3.981	1.0093												0.454(**)	0.480(**)	0.288(**)	0.323(**)	0.332(**)	0.155(**)	0.038	0.201(**)	0.106(**)
	WPS2	4.071	0.9440													0.423(**)	0.322(**)	0.297(**)	0.503(**)	0.296(**)	0.185(**)	0.084	0.101
	WPS3	3.499	1.1085														0.521(**)	0.443(**)	0.455(**)	0.228(**)	0.067	0.277(**)	0.185(**)
	WPS4	3.749	1.1295															0.278(**)	0.452(**)	0.236(**)	0.090	0.179(**)	0.168(**)
	WPS5	4.360	1.0089																0.347(**)	0.217(**)	0.140(**)	0.215(**)	0.229(**)
身体健康	WPH1	4.237	0.9029																	0.478(**)	0.186(**)	0.324(**)	0.240(**)
	WPH2	3.856	0.8385																		0.161(**)	0.296(**)	0.205(**)
心灵健康	WS1	4.297	0.8662																			0.320(**)	0.651(**)
	WS2	3.798	1.0042																				0.493(**)
	WS3	4.177	0.9294																				

注：N=869。*** 表示 p<0.01；* 表示 p<0.05。

第六章 结论与建议

基于前述的理论分析、国际对比分析、国内实践总结、分析框架的构建以及实证检验结果，本章首先总结全文基本研究结论，在此基础上，提出具体的促进新生代农民工城市融合对策建议。

第一节 本书主要研究结论

第一，我国农民工群体内部已经出现分层，新生代农民工已占据主体地位，且与老一代农民工在成长背景、受教育状况、生活与行为方式、对城市与乡村的认知、未来目标等方面截然不同。当前我国面临的"民工荒"现象、城市犯罪率上升、转变经济增长方式、破解"三农"问题、城乡二元结构问题等都与农民工的城市融合密切相关，而农民工的城市融合是我国城市化进程中的必经阶段，实现农民工的城市融合，是一个分阶段的过程，而其中新生代农民工是最可能实现城市融合，也是融合意愿最强烈的群体。

第二，根据世界范围内的移民社会融合现象，学术界抽象出三种社会融合理论：同化论、多元论和分立式融合理论。这三种理论各有所长，相互补充。从产生的时间方面来看，这三个理论是依次出现的，恰好说明三者是源于不同时空的宏观历史背景，各自能较好地解释各自所处时空的外来移民融合现状、过程及结果。具体到我国新生代农民工的城市融合问题，以上三种理论都能解释部分现象，但任何一种理论无法单独解释全部现象。比较而言，同化论是最贴近现实的。本书赞同"同化论"，但并不是说，新生代农民工来到城市后完全不存在与本地居民的互动，随着交往的增多本地居民也会逐渐改变对新生代农民工的看法，但主流的生活方式还是以城市居民为主；另外，本书也不认同"同化论"中所强调的"完全同质化"论调，在主流的、先进的生产生活方式等方面可以实现完全的同质化，但在私人的领域如世代相传的传统习俗并不一定会完全抛弃。因此，本书所认同的关于新生代农民工城市融合的理论是修正过的"同化论"。

第三，瑞典、澳大利亚和印度这三个国家是国外移民社会融合的典型代表：既有发达国家，也有发展中国家；既有欧洲的典型，也有 OECD 国家的代表，还有亚洲代表。这三个国家的城市化进程和移民社会融合进程，均与各国的经济发展密切相关，同时也与政府的努力分不开：瑞典与澳大利亚的城市融合程度要相对较高，在很大程度上取决于其政府提供的社保、就业等公共服务政策，这些政策实施得当可以促进城市融合与经济发展的良性互动；印度的城市化状况一方面是由于物质基础不够，另一个重要原因即政府的社会融合政策制定不适当和执法不力。

第四，深圳、宁波和重庆的城市化进程与农民工城市融合都非常具有代表性。它们的共性在于：城市化进程既与经济发展阶段有关，也与国家和地方的发展政策紧密相连。例如，深圳、宁波等沿海城市因为经济发达所以要比内地的城市化水平高；但他们的城市化均带有政策性因素：深圳是最早的经济特区，宁波是浙江沿海的副省级城市，而重庆是西部地区唯一的直辖市和国家统筹城乡综合配套改革试验区，这些特殊的政策赋予了它们很多优惠的发展条件和特殊的吸引力，直接促进了它们的城市化进程。

第五，新生代农民工城市融合的一般影响因素都与基本公共服务之间具有直接的、不可分割的联系，而且，基本公共服务对新生代农民工在城市的生存和发展具有不可替代的基础性作用；另外，基本公共服务的供给是政府可控的"抓手"，是政府责任。基本公共服务涵盖五个方面：就业公共服务、社会保障公共服务、医疗卫生公共服务、义务教育公共服务和住房公共服务。

第六，新生代农民工城市融合的后果可分为三个层次：微观层次是全人健康，中观层次是城市公民行为，宏观层次是社会和谐。微观体层次的城市融合表现为个人的全人健康，也即在身体、心理和灵魂三个方面的整体健康。中观层次的城市融合表现为不同群体和谐共处、通力合作，也即城市公民行为。当城市的秩序井然、生产效率提高之后，最终会带来整个城市的社会发展与经济增长，实现宏观层次的社会和谐。

第七，对流入地新生代农民工的问卷调查显示，（1）平均年龄为25.4岁，最小的为18岁（即1992年出生），最大的为30岁（即1980年出生）。（2）平均在流入地工作生活的时间为3.7年，时间最长的高达12年，最短的为半年。（3）男性占总样本总数的76.0%。（4）初中与高中或中专文化程度的人数占比较高，分别为59.1%和37.3%。（5）从方言的掌握程度来看，

"能听懂但不会说"和"既能听懂也会说"的分别占样本总数的 40.3% 和 12.5%，两者合计占样本总数 52.8%。（6）从平均月收入的分布来看，与国家统计局发布的 2009 年农民工检测报告数据相比，东部地区农民工收入有了较大幅度提高。

第八，根据流入地调查数据，基本公共服务均等化水平、城市融合、全人健康和城市公民行为等变量均通过了信度和效度检验；对城市融合概念结构的验证性因子分析表明它是一个二阶因子结构。多元回归分析结果显示，四项基本公共服务（因为住房公共服务在全国范围内都还没有覆盖到农民工群体，因此统计分析中只用其他四项基本公共服务）在统计上对新生代农民工城市融合有显著的影响，其中影响系数最大的是义务教育公共服务，而其他三项基本公共服务的影响大小相差不多。对新生代农民工城市融合与后果变量进行结构方程分析发现，城市融合对城市公民行为、身体健康、心理健康、心灵健康的影响在统计上均显著。这些实证结果表明：实现基本公共服务均等化，特别是义务教育公共服务均等化，有利于促进新生代农民工的城市融合；城市融合会引致新生代农民工的城市公民行为，并对他们的全人健康产生积极影响。

第二节 促进新生代农民工城市融合的对策建议

实现新生代农民工的城市融合，关系着新生代农民工自身的发展，关系着城市正常秩序的建立与维持，是顺利推进我国现代化进程的必然要求，是保证经济持续稳定增长的基本条件，也是维护我国社会和谐的重要保证。基于前文的历史分析、对比分析、理论分析与实证结果，本书提出促进新生代农民工城市融合的总体目标、基本原则、整体思路与具体对策。

一、目标与思路

实现新生代农民工城市融合的总体目标与思路所要表明的是：这一群体城市融合所要达到的预期结果与达到这一结果的路径规划。正确的目标设计是思路设计与路径选择的前提与关键，是具体对策的实施依据，也是新生代农民工城市融合效果评估的依据；而思路设计则为具体对策指明了方向。

（一）总体目标

根据第一章对新生代农民工城市融合的定义及第五章对新生代农民工城市

融合的维度划分，确定新生代农民工城市融合的总体目标为：实现新生代农民工在社会关系网络、社会参与和社会认同三个维度的完全城市融合。也即新生代农民工在流入地城市重新建立社会关系网络，并且该网络的功能完整；新生代农民工与本地城市居民实现相互交往、相互适应，实现无障碍地参与流入地城市各组织、群体或社区的活动；新生代农民工与本地城市居民相互认同，消除歧视，使他们对这个城市产生归属感与长期居留意愿。

（二）分目标

总体目标是抽象和概括的，需要进行必要的分解。

1. 重建社会关系网络。新生代农民工来到城市以后，需要重新建立社会关系网络，而不能仍以过去的血缘关系网络和地缘关系网络为核心。另外，重建的社会关系网络必须功能齐全，具有日常生活支持、情感支持、物质支持等功能。这就需要完善就业公共服务，使新生代农民工能实现无差别就业，重新建立起基于业缘的关系网络；政府可能通过服务机构或社区的作用，使新生代农民工的生活观念与行为方式都会发生变化，社会关系以一整套相关的法律规范和人文观念为基础，行为方式更接近城市居民，从而使他们与周围邻居及朋友形成新的社会关系网络。

2. 全面积极地社会参与。城市融合目标要求新生代农民工实现在经济、政治、社会等方面的全面参与，参与的载体可以是就业单位、社区及其他组织开展的集体活动。首先，这就要求新生代农民工能够同城市居民享有同样的社会权益和公共福利，使他们的收入水平差距逐步缩小；其次新生代农民工与城市居民享有同样的权利，同样有资格参与各种活动；最后，保障新生代农民工在城市有稳定的生活、就业环境得到改善，实现安居乐业，生活质量得到显著提高。这是新生代农民工实现城市融合的基本条件和显性目标。

3. 互动的社会认同。互动的社会认同包括两个方面：新生代农民工的社会认同和城市居民的社会认同。新生代农民工的社会认同是指新生代农民工的身份转变以及他们对于自身和城市的认同。他们的户口可以随他们的迁移而迁移，让他们从心理上认为自己归属于城市；另外，逐步使城市居民消除对新生代农民工的偏见与歧视，让双方能平等地交流，使他们都认为对方是城市的一分子。

（三）基本原则

1. 分类分批原则。结合农民工群体不断分化的现实以及城市化过程的渐进性特点，新生代农民工城市融合应该坚持分类分批的原则。新生代农民工是农民工的一个子群体，而新生代农民工群体内部还可以细分成不同的子群体。例如，可以根据经济标准、政治标准、社会标准、生活标准、价值标准、文化和职业标准等将农民工分为5个亚群体：准市民身份的农民工、自我雇佣的个体农民工、依靠打工维生的农民工、失业农民工、失地农民工。这样，针对不同类型的新生代农民工不同的城市融合需求，可以分类分批地、有重点地推进他们的城市融合。一般认为，个人人力资本状况较好的、在城市居留时间较长的、有稳定的工作与收入并强烈地希望留在城市的，更可能占有大量的社会资本和城市公共产品（或许他们已成为事实上的城市居民，只是没有城镇户口），应该优先解决他们的城市融合问题；对于拥有较少的社会资本的自我雇佣型、打工型、徘徊型新生代农民工，可以着重解决他们的基本公共服务需求，帮助他们提升自我并奠定城市融合的基础；对于特别困难的新生代农民工则首先帮助他们解决生存问题，然后再考虑他们的城市融合问题。

2. 分步分时原则。实现新生代农民工城市融合是一个长期的过程、艰巨的任务，因此需要分步骤分阶段地实现。具体来说，可以按各城市的五年规划，实现新生代农民工城市融合的三步走战略：第一步，实现新生代农民工基本公共服务的均等化；第二步，实现新生代农民工一般公共服务的均等化；第三步，实现新生代农民工非制度方面的无差别化，最终实现城市融合。

3. 积极有为原则。新生代农民工的城市融合是我国城市化进程的必然要求，各级政府应该对新生代农民工城市融合问题予以充分认识与高度重视，各部门应该积极配合、合力促进新生代农民工的城市融合。"积极有为"主要表现为：态度积极、政策适当、有所为有所不为。"有所为有所不为"是指一方面政府应该采取有效措施积极引导和促进新生代农民工的城市融合；另一方面应该注意城市的环境资源承载能力，防止出现"过度城市化"陷阱。在一个城市的土地资源、水资源等有限的情况下，过多的城市人口会导致城市公共资源紧张、交通堵塞、居住空间狭小等问题；若城市的工业化和现代化进程不足以为新生代农民工提供足够多的就业岗位，势必导致大量失业、贫富分化、犯罪增加等问题。因此，促进新生代农民工的城市融合不是不要考虑城市的环境资源承载能力问题，而是从系统层面，通过宏观调控"有所为有所不为"。

4. 政府主导原则。由前文对新生代农民工城市融合的影响因素分析可知，我国的"城市优先"发展战略、"以农补工"、严格的城乡二元户籍制度、劳动力市场制度等历史体制因素，以及相伴而生的基本公共服务不均等是主要影响因素；第三章对典型国家的移民社会融合介绍也表明政府在这个过程中起着不可替代的作用；另外，根据公共产品理论，在市场机制"失灵"的领域应主要由政府来解决。因此，在新生代农民工城市融合问题中，政府应该起主导作用，充分重视政府干预性城市融合。这种主导作用体现在转变政府职能、强化基本公共服务职能、公共财政的支出倾斜以及促进新生代农民工城市融合的政策制定、宣传和实施等方面。

5. 双方互动原则。在新生代农民工城市融合过程中，除了政策性因素外，新生代农民工与城市居民双方的主观能动性也很重要。因此，政府在进行政策干预的同时，应加强宣传，拓宽双方了解与沟通的渠道，以形成双方积极的良性互动。一方面应鼓励新生代农民工积极参与城市建设，让他们看到希望，并产生强烈地融入愿望；另一方面应使城市居民看到新生代农民工对城市的贡献，以及城市问题产生的真正原因和城市化的必然性，使他们对新生代农民工群体改观、消除歧视与鸿沟，从心理上认同与接纳新生代农民工。

6. 先行先试原则。按照"科学发展观"的要求，要实现人与社会的全面、协调、可持续发展，就必须以人为本。然而，每个地区、每个城市的经济社会发展阶段不同、产业结构不同、农民工的结构与数量不同，导致新生代农民工的城市融合需求也就不同。因此，在促进新生代农民工城市融合的过程中，不仅要敢于探索、勇于创新，加快城市融合步伐，而且也需要谨慎试行，逐步扩大应用，并针对本地区本城市新生代农民工城市融合中的突出问题而充分发挥地方优势。总之，新生代农民工城市融合法规制度与政策措施需要逐步完善。

（四）整体思路

本书围绕着新生代农民工城市融合问题，根据典型国家移民社会融合的经验及国内农民工较为集中的几个城市的农民工城市融合实践回顾，发现政府在其中起着不可替代的作用，城市融合都带有极强的政策性因素；另外第四章和第五章分别论述了基本公共服务均等化与新生代农民工城市融合之间的影响路径及实证结果，都显示出基本公共服务均等化在其中具有积极的影响。因此，本书提出促进新生代农民工城市融合的主要方法与途径就是通过实现基本公共服务均等化来促进城市融合。

而实现基本公共服务均等化其实质就是逐步剥离当前户籍这个"母体制度"背后黏连的各种公共服务与社会福利，还户口制度"人口登记与管理"的本来面目；另外，在城市融合过程中，户籍改革也是个无法回避的问题，它关系着新生代农民工在城市的法定身份，关系着新生代农民工作为"城市居民"这个"名分"的最终实现，也关系着各社会群体能否自由流动而促进社会结构的合理变迁。所以在实现基本公共服务均等化的过程中，应该配合户籍制度改革，使两者形成协调互动关系。

二、政策建议

根据前述促进新生代农民工城市融合的总体目标、原则与思路，本书认为实现基本公共服务均等化是核心，如何实现基本公共服务均等化是关键。以下将分别从实现基本公共服务均等化的基础条件、方法与途径、配套的户籍制度改革三个方面提出促进新生代农民工城市融合的具体政策建议。

（一）实现基本公共服务均等化的基础条件

基本公共服务均等化中的"基本"与"均等化"含义是随着地区经济社会发展而变化，随着人类的需求变化而变化。而当前我国新生代农民工最"基本"的公共服务包括就业、医疗卫生、社保、住房、义务教育等，"均等化"则侧重于起点的均等和结果的均等，要达到这样一种状态，必须具备一定的基础性条件。本书从城市发展战略选择、政府职能的转变和城市管理模式的转变三个方面来论述。

1. 城市发展战略选择。要实现新生代农民工群体与城市居民的基本公共服务均等化，必须要具备一定的物质基础。如果没有充足的财力，政府就没有能力满足全体公民的公共服务需求，也没有能力弥补公共服务方面的差距。从这个角度上说，基本公共服务均等化本身是一个经济发展的过程，更是一个在发展中实现均等的过程。

一个城市的经济发展是以其正确的发展战略为依托的。也只有当一个城市的经济资源承载能力扩大了，才有可能接纳更多的新生代农民工，才有可能实现基本公共服务均等化。20 世纪 90 年代以前，我国一直实行的是大城市优先发展战略，各种资源均向大城市集中，结果导致了：一方面大城市经济得到了迅速发展，但自然资源限制越来越多，生态环境遭到严重破坏，很多城市不得不加强对外来人口的限入政策，使得新生代农民工实现大城市的融合越来越不现实；另一方面却是中小城市和城镇发展严重滞后，虽然对外来人口的限入条件比起大城市要宽松很多，但仍然无力吸纳大量的新生代农民工，也就失去了新生代农民工城市融合的经济基础。自20世纪90年代中期以来，我国范围内的大、中、小城市都掀起了一股发展热潮，大举进行基础设施建设，不断扩大城市的行政区划；值得注意的是，小城镇在这一轮发展热潮中迅速扩张，吸纳了大量的本地农民工。据国家统计局统计，2009年东部地区农民工仍以在省内务工为主，中、西部地区农民工大多数在省外务工，但中西部地区农民工在省内就近务工的比例明显增加。这些说明，省内中小城市与城镇对农民工的吸纳起到了重要作用。

因此，国家应该鼓励和重视中小城市和城镇的发展，适当地给予资源与政策倾斜。中小城市和城镇的经济发展满足了吸纳新生代农民工的基础条件，另外，相比大城市而言，中小城市和城镇生活成本更低，对入户条件限制更少，更有利于实现新生代农民工城市融合，同时也可以缓解大城市的人口压力。

2000年，中央开始转变以前积极发展明星中小城镇的战略，强调小城镇的全面发展；伴随着我国城市化进程的快速发展，中央不失时机地提出了大中小城市和小城镇协调发展的战略。学者们也从各个角度证明了以城市群为中心的城市化发展思路的正确性。在实践中，各个大城市继续发挥着辐射与带动效应，进一步聚集周围的中小城市，从而形成城市群；相邻的城市群由于地理距离较近，更容易形成经济交流和发展的互补，从而形成城市圈；城市圈与城市圈之间松散的联系与地理位置上的邻近，可以看作一个城市带。这样的城市群、城市圈和城市带，为新生代农民工提供了充足的就业选择与发展空间。

2. 政府职能转变。长期以来，我国政府执行的是建设职能，导致了我国基本公共服务的缺失。因此，转变政府职能、推进服务型政府建设势在必行。

（1）树立正确的服务型政府观念。服务型政府即是为人民服务，对人民负责，必须以最广大人民的根本利益作为行政的最高准则。具体到基本公共服务均等化领域内，则表现在政府必须为全体公民提供均等化的基本公共服务，让全体公民都平等地享有义务教育、就业服务、医疗卫生及社会保障等。

（2）明确服务型政府的职责。新生代农民工城市融合是个典型的社会公共问题，而政府是社会中主导性的公共部门，理应提供经济社会协调发展的基础性制度保障，在必要的时候进行宏观调控和社会管理，在"市场失灵"的领域为社会提供公共产品，协调社会矛盾与冲突，维护社会公平和正义。因此，为全体公民提供均等化的基本公共服务是政府的重要职责。具体而言，中央政府的职责是划定基本公共服务的范围、服务标准，界定清楚各级政府的专有职责与公共职责，并组织好基本公共服务的监督与评估；当然，中央政府在其职责范围内也有执行责任。而地方政府则应按照中央政府的统一规划，具体执行，并在执行过程中及时地反馈信息，以进一步提高基本公共服务的供给效率。另外，关于公有职责，中央政府与地方政府则应依法处理好双方的关系，为了实现共同的目标而合理地沟通协调。

（3）建立服务型政府的问责体系。服务型政府的行政行为同样应该受到监督和约束，其提供基本公共服务的过程应该透明化，提供基本公共服务的效果应该接受绩效评估，出现问题同样需要追究责任。

政府对基本公共服务提供的全程实行透明化则有利于从宏观上了解与控制基本公共服务的总量状况，杜绝过程中的不法行为。根据信息经济学理论，透明化可以促进决策双方所获信息的对称化，增加对权力的制约，从而有利于保证基本公共服务资金的有效使用。另外，从基本公共服务均等化的关键环节建立全流程的问责体系，包括决策与执行全过程；除了政府内部的问责体系外，应结合社会组织和社会舆论，建立全方位的问责体系。最后，将针对基本公共服务均等化的问责体系引入到干部的考核与奖惩体系中。既然是服务型政府，则其考核与奖惩体系不应以经济建设指标为重，而应该着重考虑基本公共服务的决策、执行、监督方面的指标，并将公民对基本公共服务的满意度纳入指标体系。只有通过这种问责体系的引导、规范与激励，政府才能集中力量为全体公民提供均等化的基本公共服务。

3. 城市管理模式转变。以往城市对外来流动人口的管理模式可以概括为"防范多、引导少，管理多、服务少"，对流动人口的社会服务责任多归结到户籍所在地，严重阻碍了新生代农民工城市融合。这种以"办证、收费，查证、罚款"为主要内容的流动人口管理模式表明：以往城市的服务对象主要是城市居民，对新生代农民工的管理偏重于社会治安管理和综合治理，服务理念严重缺乏，亟须进行改革创新。

城市社会管理模式转变首先应该强调流动人口的属地化管理模式，即新生代农民工应该能在其生活和工作的城市获得基本的公共服务，应该能在这个城市分享到他们自己的劳动果实。属地化管理模式无疑会增加新生代农民工的城市归属感。其次，应该适应新生代农民工城市融合的需要，调整政府相关管理机构，例如，与流动人口管理和服务相关的机构一般有公安部门、劳动部门、城建部门、计生部门等，可以尝试建立专门针对农民工的常设性管理机构，并提供一站式的服务，将多部门的综合管理形成"一个窗口"，提高服务效率。再次，应尝试建立新生代农民工的利益表达渠道。通过该渠道可以与他们充分地沟通交流，听取他们的心声，了解他们的利益诉求，在他们遇到困难与问题的时候及时地给予帮助，保护他们的正当权益不受侵害。最后，尝试建立新生代农民工城市融合支持基金，专门用于解决他们城市融合中的困难与障碍，用在新生代农民工最迫切需要的地方，用于创造融合的条件、营造融合的环境。基金来源可采取中央与地方共担的方式。

（二）实现基本公共服务均等化的方法与途径

基本公共服务是影响新生代农民工城市融合的主要因素，而实现基本公共服务均等化是建立在公共财政的基础上，因此，推进基本公共服务均等化的当务之急即是完善我国的公共财政体制。本书将紧紧围绕公共财政体制来阐述实现基本公共服务均等化的方法与途径。

1. 合理地确定各级政府基本公共服务事权。只有合理地确定了各级政府基本公共服务的事权，才能依此配置财力，才能以此作为财政转移支付的依据，才能评估基本公共服务支出的效果，也才能提高基本公共服务供给效率。虽然事权与财权是个"老生常谈"的话题，但本书针对的是新生代农民工群体的基本公共服务均等化目标，因此，对事权的划分和事权与财权的匹配关系观点不同于以往研究的一般性对策。

首先，明确基本公共服务事权划分的依据是受益范围。传统的划分依据是人与事的行政隶属关系，这样的划分直接导致新生代农民工在城市享受不到任何公共服务，因为他们的户口都隶属于农村；同时，这样的划分也给城市与农村的社会管理增加了负担。而依据受益范围来划分基本公共服务事权，则正好与前述城市管理模式改为属地化的对策相呼应。根据基本公共服务的受益范围，可以将其划分为全国性的基本公共服务与地方性的基本公共服务。由于基本公共服务的性质决定了政府在其中的决定性作用，因此，基本公共服务的供给责任应该在中央政府与地方政府之间合理的分担。一般而言，中央政府承担全国性的基本公共服务，以解决受益的外溢问题；地方政府承担地方性的基本公共服务，以保证受益范围与责任范围的平衡。然而，事实上，基本公共服务很难划分清受益的范围，本书提出的五项基本公共服务除了住房公共服务外，其他每一项都具有跨地区或者"外溢效应"，中央与地方政府的责任难免会有交叉重叠的部分。例如，我国正在推行"人人享有社会保障"，而新生代农民工享有社会保险公共服务只是这个整体战略中的一部分，因此，该项公共服务应主要由中央政府承担；义务教育和医疗卫生的"外部性"也很强，不仅能影响本地的教育水平和健康水平，也能影响全国的科技水平和身体素质，这两项基本公共服务应该由中央与地方以大致相等的比例共担（虽然事权的划分如此，但有些地方可能财力不够，这就涉及财政转移支付，后文再作阐述）；就业公共服务的"外溢效应"相对较小，主要责任应由新生代农民工所在城市承担。因此，需要根据跨地区的范围和"外溢"的程度科学地确定中央与地方的共担比例。

其次，基本公共服务均等化的事权决定财权。现行财税体制框架是2003年确立的，财权的重心偏高，导致一些地方政府财力不足。本书认为要实现新生代农民工享受均等化的基本公共服务，就应该依据各级政府基本公共服务的事权改革财权分配制度，将财权的重心适当下移。在事权与财权匹配的过程中，事权应该起着决定性的作用，而不应根据财权的大小来分配事权。具体来讲，制度安排的顺序是政权、事权、财权、税基、预算，适当地调整和规范中央与地方政府的收入分配，保证各级政府有行使职权并具备提供基本公共服务的财力。

当然，由于我国各地的经济发展极不平衡，地方政府的财力差距很大；另外，虽然说越是发达的城市外来新生代农民工数量越多，例如深圳，其财力可能足以实现基本公共服务均等化，但在其他落后地区，城市化过程中会产生大量的本地新生代农民工，即使赋予了相应的财权可能仍然无力提供均等化的基本公共服务，这就需要中央政府实行财政转移支付。

2. 基本公共服务均等化需要财政转移支付。基本公共服务的结果均等与财政转移支付制度密切相关，虽然说公共服务不一定追求结果均等，但对于"基本"公共服务，本身就是公民生存和发展的底线，中央政府有责任保证结果的均等。因此，转移支付的目标就应该是基本公共服务的均等化。

以往的研究对财政转移支付制度改革建议已经非常充分，大多学者提倡横向转移支付以及主张取消专项转移支付。本书认为，在相当长一段时期内，由于地区之间的利益难以平衡，纵向转移支付对于新生代农民工的基本公共服务均等化仍然意义重大。但纵向转移支付的主要构成部分——税收返还，则亟须改革。一方面，纵向转移支付的初衷是平衡发达地区与落后地区的收入分配，但税收返还却使得发达地区的税收呈现累退效应，而落后地区却是累进的，更加重了地区间的不平衡，那么落后地区的新生代农民工可能连最基本的公共服务也享受不到。另一方面，税收返还其实就是税收在中央与地方之间的上交与返还，无形中增加了管理成本，形成效率损失。对于专项转移支付，虽然容易产生腐败，但只要在过程机制上实现透明化，其转移支付的效果是非常明显的，特别是在义务教育、社会保障、医疗卫生等公共服务领域。

3. 根据对城市融合的影响大小确定财政支出结构。新生代农民工享有与城市居民无差别的基本公共服务，必然要求财政将更多的资金投向基本公共服务领域，这就涉及财政支出结构问题。

首先，将更多的资金投向基本公共服务领域有两方面的含义。一是每年向基本公共服务领域的投入在绝对量上要比上一年有所增加；二是每年财政的新增收入要有更大比例的基本公共服务投入，也即基本公共服务投入占财政收入的比重要逐年加大。这是服务型政府转型的必然要求，也是一个社会发展的文明标志。

其次，基本公共服务领域也分轻重缓急，首先应满足新生代农民工需求最迫切、对其城市融合影响最大的项目。根据第五章的实证分析结果可知，各因素对新生代农民工城市融合的影响程度在统计上表现出从大到小的次序依次是公共卫生和基本医疗服务均等化水平、就业公共服务均等化水平、基本社会保障均等化水平，但三者的差异不大；子女义务教育服务均等化水平对新生代农民工城市融合在统计上具有积极的显著影响，且相对于其他公共服务的影响更为突出。因此，解决好新生代农民工下一代子女的义务教育问题，是当前公共财政支出的重中之重。另外，本书从理论角度分析了住房公共服务对新生代农民工城市融合的重要影响，但现实却是我国绝大多数城市均未将住房公共服务覆盖到农民工群体，这是五项基本公共服务中起步最迟的一项，因此，下一步应将公共财政资源更多地投向住房公共服务领域。

4. 基本公共服务均等化的评估。新生代农民工是否享有均等化的基本公共服务，需要通过专门的评估来考察基本公共服务支出绩效，而构建评估机制的前提是确立基本公共服务均等化的标准。

首先，基本公共服务均等化的标准要统一。如果标准不统一、不规范、不清晰，或者是没有最低标准，则很难进行评估。以往研究大多认为应该建立基本公共服务的人均标准或者是实物的标准，这样便于测量与统计；而本书则认为，要在全国范围内建立统一的人均标准或者实物标准是不太现实的，因为我国的地区差异过大，"基本"标准与"均等化"标准可能会发生变化。另外，本书研究对象是新生代农民工群体，关注的是这一群体与城市居民的对比结果，而不是绝对结果。鉴于此，本书提出基本公共服务均等化的标准并不必须是绝对标准，可以是相对标准。在第五章的实证分析中，本书提出了新生代农民工基本公共服务均等化的相对标准，即将城市居民所享有的基本公共服务水平视为1，在此基础上通过调查可以得到新生代农民工相对于城市居民的基本公共服务水平。因此，基于这种方法，本书认为：新生代农民工享有的基本公共服务相对标准达到1，就说明完全实现了基本公共服务的均等化。

其次，有了标准便可评估基本公共服务均等化绩效。一般认为，评估基本公共服务的绩效可以从三个方面入手：投入类、产出类与效果类。按照本书提出的相对标准计算方法，便可得出这三个方面的相对比例数据，决策者可以根据三个数据做综合考虑。另外，绩效评估应该与激励约束机制挂钩，如问责制与干部的政绩考核与任免制度等。

5. 加快基本公共服务均等化的法制化、规范化进程。法制社会要求一切社会主体均应在法律法规的范围内从事社会经济活动，包括政府的基本公共服务均等化过程；实现基本公共服务均等化是一个世纪工程，也是一个系统工程，需要在实践中不断地探索和规范，最终以法律形式确定下来。

首先，与公共财政相关的法制建设。财政法制体系建设是实现基本公共服务均等化的重要保证，主要包括财政收入、财政支出、转移支付等方面的法制，重点是以法的形式规范各级政府的关系，用法律途径来解决各级政府之间的矛盾纠纷。例如《中央与地方财政关系法》、《一般性转移支付法》、《预算法》等。

其次，直接针对基本公共服务均等化的法制建设。我国宪法本身就规定了公民的基本权利，这为我国基本公共服务的专项立法提供了法律依据。例如，可以专门针对义务教育、就业公共服务、社会保障、基本医疗与公共卫生等基本领域出台专项法律。等到条件成熟时，可以出台一部综合性的《基本公共服务均等化法》。

最后，有了法律依据之后，就需要司法机关、行政监察和审计部门等对基本公共服务的投入、转移支付的过程、均等化的效果等实施有效的监督，杜绝基本公共服务供给过程中的有法不依、执法不严和违法不究现象。

（三）配套的户籍制度改革

实现新生代农民工基本公共服务均等化这个过程本身就是对现行户籍制度的一种改革，因为它要求人人享有均等化的基本公共服务，不因户口性质的不同而不同，其实质即剥离户口背后的基本公共服务利益；另外，新生代农民工的城市融合需要社会认同他们的身份，他们需要一个真正的"名分"，而这一"名分"就是城市户口。因此，在促进新生代农民工城市融合的过程中，不仅需要基本公共服务均等化，而且也需要与之相配套的户籍制度改革。

户籍制度改革也是"老生常谈"，谈了很多年改革的步伐却依然进展缓慢。其根本原因在于，我国现行的户籍制度并不是真正的户籍制度，其主要作用已经不是人口登记管理，而是将一部分人屏蔽在一系列利益①之外，因此又被称为"屏蔽制度"；而且这种屏蔽功能在发展过程中又不断强化和放大，致使如今的户籍制度已经成为福利与利益的标志，严重阻碍了新生代农民工的自由流动，阻碍了城市化进程，因此亟须加快改革步伐。从总体上来说，户籍制度改革的目标是：消除由于户口不同而导致的公民权利不同，保障公民的迁移自由，还原户口的基本功能，即证明公民身份、提供人口资料和方便社会治安。

但户籍制度改革涉及面太广，且牵涉到公民的切身利益，不可能一蹴而就，改革过程必然是一个渐近的过程。因此，当前应逐步采取过渡性措施，引导户籍制度改革目标的最终实现。2014 年，国务院公布了《关于进一步推进户籍管理制度改革的意见》，非常有助于消除新生代农民工城市融合的制度性障碍。

三、研究不足与展望

本书紧紧围绕着新生代农民工城市融合的前因和后果分析，并从基本公共服务均等化的角度提出了政策建议，但研究中还存在以下不足之处，为下一步研究指明了方向：

第一，本书重点研究的是新生代农民工的城市融合，而事实上，农民工的社会融合分为在城市的社会融合和返回农村的社会融合，因为部分新生代农民工最后还是回了农村老家。那么，这部分新生代农民工最后返回农村的原因是什么？返回农村后又如何适应农村？这些有待进一步研究。

第二，本书提出基本公共服务均等化水平是影响新生代农民工城市融合的主要因素，而除了这个主要因素外，还有很多非制度性的因素；除了政府的促

---

① 这一系列利益包括就业、就医、住房、上学、退休、各种补贴等各个方面。而且从一个人出生开始，其户口性质就已经决定了这些利益关系。

进政策外，企业与社区乃至普通城市居民也能影响他们的城市融合。因此，后续研究需要加强对这一类因素的研究。

第三，本书将住房公共服务列为基本公共服务项目之一，但在实证研究中并没有将其作为自变量之一，主要原因是全国绝大部分城市均没有将外来流动人口的住房公共服务纳入城市发展规划。等将来这一公共服务政策逐步建立，政策效果逐步显现后，才能测量出这一变量对新生代农民工城市融合的影响大小。

第四，实证研究中，由于调查难度、成本和数据可获得性方面的限制，本书只选择浙江省四个地市展开调查，虽然基本满足了本书的研究目的，但并不足以代表全国情况。要全面地掌握新生代农民工的情况，必须扩大调查范围。

附录

青年外来就业者城市融合调查问卷

调查时间：_____   调查地点：_____   问卷编号：_____

您好：

　　本调查的目的是：了解非城镇户口的年轻打工者在城市生活的困难、城市接纳他们的程度以及政府应如何解决这些问题。调查问卷不记名，且只用于学术，资料绝对保密，故请您放心如实填写。感谢您的配合！

第一部分　个体特征

以下的答案选项中，请在符合您实际情况的答案序号上打"√"。

1. 性别：①男　②女
2. 民族：①汉族　②少数民族
3. 您的出生年份是：_____年
4. 您来这个城市有多长时间了？_____
5. 您的婚姻状况是：①未婚　②已婚　③其他
6. 您的学历是：①小学及以下　②初中　③高中或中专　④大专或以上
7. 对于这个城市的方言，您：
①既听不懂也不会说　②能听懂但不会说　③既能听懂也会说
8. 您目前平均月收入大约是：
①1000元及以下　②1000～2000元　③2000～2500元
④2500～3500元　⑤3500元及以上

第二部分　政府公共服务均等化评估

9. 同一级别的岗位，你与本地人的工资是相同的吗？①是　　②不是
10. 您是否参加过当地政府部门组织的职业技能培训？①否　　②是
11. 下列社会保险中，你参加了哪几个？（可多选）
①养老保险　②医疗保险　③工伤保险　④生育保险

⑤失业保险　⑥都没有

12. 你现在有子女吗？　①有　②没有

如果有正在上学的子女，那子女在哪里上学？

①半途没读书了，辍学　②在老家的学校读书

③在城市的民办学校或农民工子弟学校读书

④在城市公办学校读书但要交借读费　⑤不交借读费在城市公办学校读书

13. 平时你生病了一般会如何处理？

①不看病也不吃药　②自己到药店买点药　③去小诊所看病

④去正规医院看病

第三部分　社会融合测量

SI1. 您多大程度上认同自己属于当地城市人：

①完全不认同　②不认同　③说不清　④基本认同　⑤非常认同

SI2. 您认为本地市民对您：

①有歧视　②不太友好　③一般　④友好　⑤非常友好

SI3. 您愿意长期在城市定居吗？

①非常不愿意　②不愿意　③一般　④愿意　⑤非常愿意

SN. 当出现下列情况时，相对亲戚或老乡，您愿意求助于当地结识的同事、邻居或朋友吗？在符合您实际情况的选项栏里打"√"。

情　　形	很不愿意	不愿意	一般	愿意	很愿意
SN1. 在您觉得不开心或压力大时	①	②	③	④	⑤
SN2. 在您遇到重大事情需要商量时	①	②	③	④	⑤
SN3. 在需要别人暂时帮助照看一下孩子或代买东西	①	②	③	④	⑤
SN4. 在急需用钱时	①	②	③	④	⑤

SP. 下列这些活动您经常参加吗？在符合您实际情况的选项栏里打"√"。

活　动	几乎不参加	很少参加	一般	较多参加	几乎全都参加
SP1. 单位的集体活动（如开会、出去玩）	①	②	③	④	⑤
SP2. 跟朋友一起逛街、看电影、吃饭、聊天	①	②	③	④	⑤
SP3. 去邻居、朋友家里串门	①	②	③	④	⑤
SP4. 向单位或社区提出自己的改进意见	①	②	③	④	⑤

第四部分　城市公民行为测量

UCB. 作为该城市中的一员，下列行为您在多大程度上赞同？在接近您真实想法的一栏打"√"。例如，我非常赞同第一个，则在第一行的最后一栏里面打"√"。

行为	非常不同意	不同意	没意见/无所谓	同意	非常同意
UCB1. 要帮助身边的人解决工作或生活上的问题	①	②	③	④	⑤
UCB2. 平时要多与周围的人交流与沟通	①	②	③	④	⑤
UCB3. 看到旁边有人吵架或打架时，即使不认识，也应该主动去劝解	①	②	③	④	⑤
UCB4. 公交车上应该主动为有需要的人让座	①	②	③	④	⑤
UCB5. 应主动参加培训和学习，掌握更多知识，以适应城市生活	①	②	③	④	⑤
UCB6. 当有陌生人向你问路时，应该热心地指路	①	②	③	④	⑤
UCB7. 即使没人看到，也不应该随手丢垃圾	①	②	③	④	⑤
UCB8. 要告诉别人有关这个城市的好新闻，改善别人对这个城市的坏印象	①	②	③	④	⑤
UCB9. 应该热心参加本城市/社区的公共活动，有机会就要提出自己的建议	①	②	③	④	⑤

第五部分　全人健康测量

WPS. 您最近有没有以下感觉？严重吗？请在对应的选项栏里打"√"。

	很严重	有点严重	一般	偶尔	完全没有
WPS1. 觉得担心，很紧张、心慌	①	②	③	④	⑤
WPS2. 觉得头痛	①	②	③	④	⑤
WPS3. 心情不好，情绪低落，觉得压力很大	①	②	③	④	⑤
WPS4. 失眠，睡不好觉	①	②	③	④	⑤
WPS5. 觉得自己很没用，无能	①	②	③	④	⑤

WPH. 请您对自己近期的身体健康状况做出评价，在对应的选项栏里打"√"。

	选　项				
WPH1. 您目前的身体健康状况如何	很差	有点差	一般	比较好	非常好
WPH2. 身体经常生病吗	经常	比较经常	一般	很少	非常少
WPH3. 一旦生病后身体康复的快吗	很慢	比较慢	一般	比较快	很快

WS. 您在多大程度上同意下列说法？请在对应的选项栏里打"√"。

	很不同意	不同意	没意见/无所谓	同意	非常同意
WS1. 人生有得就有失，失落、失败很正常，要积极面对	①	②	③	④	⑤
WS2. 平常生活中，你多半是乐呵呵的	①	②	③	④	⑤
WS3. 活在这个世界上，是有意义的，没有白活	①	②	③	④	⑤

参 考 文 献

[1] 安体富、任强：《公共服务均等化：理论、问题与对策》，《财贸经济》2007 年第 8 期。

[2] 安德生：《瑞典史》，北京：商务印书馆 1972 年版。

[3] 巴纳德著，孙耀君等译：《经理人员的职能》，北京：中国社会科学出版社 1997 年版。

[4] 陈昌盛、蔡耀州：《中国政府公共服务：体质变迁与地区综合评估》，北京：中国社会科学出版社 2007 年版。

[5] 陈世伟：《和谐社会背景下农民工的社会适应问题研究》，《重庆工商大学学报（西部论坛）》2007 年第 6 期。

[6] 陈晓萍、徐淑英、樊景立：《组织与管理研究的实证方法》，北京：北京大学出版社 2008 年版。

[7] 陈玮、任晓军：《西宁市流动人口的调查与城市社会融合问题研究》，《西北人口》2009 年第 5 期。

[8] 常修泽：《逐步实现基本公共服务均等化》，《人民日报》2007 年 1 月 31 日。

[9] 戴欢欢：《我国城市化进程中的农民工困境——基于内卷化机理的阐释》，《江西农业大学学报（社会科学版）》2009 年第 3 期。

[10] 戴维·波普诺著，李强译：《社会学》，北京：中国人民大学出版社 1999 年版。

[11] 邓大松、胡宏伟：《流动、剥夺、排斥与融合：社会融合与保障权获得》，《中国人口科学》2007 年第 6 期。

[12] 丁建定：《瑞典社会保障制度的发展》，北京：中国劳动社会保障出版社 2004 年版。

[13] 杜鹏、李一男、王澎湖、林伟：《城市外来蓝领的就业与社会融合》，《人口学刊》2008 年第 1 期。

［14］ 杜鹏、丁志宏、李兵、周福林：《来京人口的就业、权益保障与社会融合》，《人口研究》2005 年第 4 期。

［15］ 丁吉红、赵文进、周爱保：《农民工攻击行为的社会认知特点研究——两代农民工的调查与分析》，《青年研究》2010 年第 6 期。

［16］ 丁元竹：《基本公共服务如何均等化》，《瞭望新闻周刊》2007 年第 22 期。

［17］ 丁刚、张颖：《我国城市化进程的历史回顾与动力机制分析》，《开发研究》2008 年第 5 期。

［18］ 樊富珉、官锐园：《身心灵综合健康团体辅导模式在大学生心理健康教育中的应用》，《中国心理卫生协会第四届学术大会论文汇编》2003 年版。

［19］ 樊晓燕：《英国人口城市化道路的再认识与启示——兼论中国农民工问题》，《经济问题探索》2009 年第 11 期。

［20］ 风笑天：《"落地生根"？——三峡农村移民的社会适应》，《社会学研究》2004 年第 5 期。

［21］ 嘎日达、黄匡时：《西方社会融合概念探析及其启发》，《理论视野》2008 年第 1 期。

［22］ 葛四友：《论阿马蒂亚·森的自由平等观》，《中大政治学评论》2008 年第 3 辑。

［23］ 葛建华、苏雪梅：《员工社会化、组织认同与组织公民行为》，《南开管理评论》2010 年第 1 期。

［24］ 国家统计局课题组：《中国农民工生活质量指数评价研究》，《统计研究》2007 年第 2 期。

［25］ 国家发改委宏观经济研究院课题组：《促进我国的基本公共服务均等化》，《宏观经济研究》2008 年第 5 期。

［26］ 郭秀云：《流动人口市民化的政策路径探析——基于城市人口管理创新视角》，《中州学刊》2008 年第 4 期。

［27］ 韩长赋：《中国农民工发展趋势与展望》，《经济研究》2006 年第 12 期。

［28］ 何磊：《冰山出水——新生代农民工问题来了》，《中国青年报》2005 年 7 月 11 日。

［29］ 何绍辉：《在扎根与归根之间：新生代农民工社会适应问题研究》，《青年研究》2008 年第 11 期。

[30] 何雪松、黄富强、曾守锤：《城乡迁移与精神健康：基于上海的实证研究》，《社会学研究》2010 年第 1 期。

[31] 何雪松、楼玮群、赵环：《服务使用与社会融合：香港新移民的一项探索性研究》，《人口与发展》2009 年第 5 期。

[32] 胡杰成：《农民工市民化研究》，华中师范大学博士论文 2009 年版。

[33] 黄匡时、王书慧：《从社会排斥到社会融合：北京市流动人口政策演变》，《南京人口管理干部学院学报》2009 年第 3 期。

[34] 黄匡时：《社会融合的心理建构理论研究》，《社会心理科学》2008 年第 6 期。

[35] 黄英：《高房价与新移民青年的城市融合》，《中国青年研究》2008 年第 4 期。

[36] 黄芳铭：《结构方程模式：理论与应用》，北京：中国税务出版社 2005 年版。

[37] 江明融：《公共服务均等化略论》，《中南财经政法大学学报》2006 年第 3 期。

[38] 季文：《社会资本视角的农民工城市融合研究——以南京为例》，南京农业大学博士论文 2008 年。

[39] 景志铮、郭虹：《城市新移民的社区融入与社会排斥——成都市社区个案研究》，《西北人口》2007 年第 2 期。

[40] 郎友兴：《从社会排斥到社会融合：外来民工本地化与构建中国城市和谐社区》，《当代中国政治研究报告》2007 年第 5 期。

[41] 李玲：《珠江三角洲人口迁移与劳动市场》，北京：科学出版社 2005 年版。

[42] 李梅香、王永乐：《促进新生代农民工社会融合的新思路》，《天中学刊》2010 年第 5 期。

[43] 李梅香、王永乐：《基本公共服务均等化研究述评》，《绍兴文理学院学报》2009 年第 6 期。

[44] 李梅香：《基本公共服务均等化水平评估——基于新生代农民工城市融合的视角》，《财政研究》2011 年第 3 期。

[45] 李芹、刘万顺：《农民工就业歧视的制度排斥及非制度排斥》，《城市问题》2009 年第 2 期。

[46] 李树苗、任义科、靳小怡、费尔德曼：《中国农民工的社会融合及

其影响因素研究：基于社会支持网络的分析》，《人口与经济》2008年第2期。

[47] 李涛：《新生代农民工市民化问题的社会学分析》，《长春理工大学学报（社会科学版）》2009年第5期。

[48] 李伟东：《新生代农民工的城市适应研究》，《北京社会科学》2009年第4期。

[49] 李义波、朱考金：《农民工融合度主观认知状况：身份认同、城市归属与发展规划（以江苏省1085名农民工为例）》，《南京农业大学学报（社会科学版）》2010年第1期。

[50] 梁鸿、叶华：《对外来常住人口社会融合条件与机制的思考》，《人口与发展》2009年第1期。

[51] 梁光严：《列国志·瑞典》，北京：社会科学文献出版社2007年版。

[52] 刘传江、程建林：《第二代农民工市民化现状分析与进程测度》，《人口研究》2008年第5期。

[53] 刘传江、徐建玲：《中国农民工市民化进程研究》，北京：人民出版社2008年版。

[54] 刘学华：《新生代农民工与新兴城市的和谐发展》，《南方经济》2009年第2期。

[55] 楼玮群、何雪松：《乐观取向、社会服务使用与社会融合：香港新移民的一项探索性研究》，《西北人口》2009年第1期。

[56] 陆康强、程英、钱文杰：《上海市农民工城市融合状况调查》，《统计科学与实践》2010年第4期。

[57] 罗仁朝、王德：《上海市流动人口不同聚居形态及其社会融合差异研究》，《城市规划学刊》2008年第6期。

[58] 吕炜、王伟同：《我国基本公共服务提供均等化问题研究——基于公共需求与政府能力视角的分析》，《财政研究》2008年第5期。

[59] 马文聪、朱桂龙、蒋峦：《创新是组织公民行为影响绩效的中介变量吗？——基于高科技行业的实证研究》，《科学学研究》2010年第2期。

[60] 梅建明：《实现农民工市民化是解决农民工问题的根本途径》，《武汉大学学报（哲学社会科学版）》2007年第6期。

[61] 皮永华：《组织公正与组织公民行为、组织报复行为之间的关系研究——基于中国人"大七"人格维度的分析》，浙江大学博士论文2006年。

[62] 钱文荣、张忠明：《农民工在城市社会的融合度问题》，《浙江大学

学报（人文社会科学）》2006 年第 4 期。

[63] 钱正荣：《流动人口的社会融合问题研究》，《湖北社会科学》2010 年第 2 期。

[64] 任强：《公共服务均等化问题研究》，北京：经济科学出版社 2009 年版。

[65] 任远、乔楠：《城市流动人口社会融合的过程、测量及影响因素》，《人口研究》2010 年第 2 期。

[66] 任远、邬民乐：《城市流动人口的社会融合：文献述评》，《人口研究》2006 年第 3 期。

[67] 世界银行《2007 年世界发展指标》编写组编，王辉等译：《2007 年世界发展指标》，北京：中国财政经济出版社 2008 年版。

[68] 沈伊默、袁登华、张庆林：《两种社会交换对组织公民行为的影响：组织认同和自尊需要的不同作用》，《心理学报》2009 年第 12 期。

[69] 孙秀林：《城市移民的政治参与：一个社会网络的分析视角》，《社会》2010 年第 1 期。

[70] 孙建勇：《社会保障基金监管制度国际比较》，北京：中国财政经济出版社 2004 年版。

[71] 童星、马西恒：《敦睦他者与化整为零——城市新移民的社区融合》，《社会科学研究》2008 年第 1 期。

[72] 项继权、袁方成：《我国基本公共服务均等化的财政投入与需求分析》，《公共行政评论》2008 年第 3 期。

[73] 万向东：《农民工非正式就业研究的回顾与展望》，《中山大学学报（社会科学版）》2009 年第 1 期。

[74] 王春光：《新生代农村流动人口的社会认同与城乡融合的关系》，《社会学研究》2001 年第 3 期。

[75] 王桂新、罗恩立：《上海市外来农民工社会融合现状调查研究》，《华东理工大学学报（社会科学版）》2007 年第 3 期。

[76] 王桂新、张蕾、张伊娜：《城市新移民贫困救助和社会保障机制研究》，《人口学刊》2007 年第 3 期。

[77] 王玮：《我国公共服务均等化的路径选择》，《财贸研究》2009 年第 1 期。

[78] 王章华、颜俊：《城市化背景下流动人口社会融合问题分析》，《江

西农业大学学报（社会科学版）》2009 年第 4 期。

　　[79] 王竹林：《多重行为整合与农民工市民化》，《甘肃农业》2008 年第 2 期。

　　[80] 魏万青：《从社会排斥到融入：对民工社会融合研究范式的转变》，《华中农业大学学报（社会科学版）》2008 年第 6 期。

　　[81] 吴红宇、谢国强：《新生代农民工的特征、利益诉求及角色变迁：基于东莞塘厦镇的调查分析》，《南方人口》2006 年第 2 期。

　　[82] 吴维平、王汉生：《寄居大都市：京沪两地流动人口住房现状分析》，《社会学研究》2002 年第 3 期。

　　[83] 项继权、袁方成：《我国基本公共服务均等化的财政投入与需求分析》，《公共行政评论》2008 年第 3 期。

　　[84] 许传新、许若兰：《新生代农民工与城市居民社会距离实证研究》，《人口与经济》2007 年第 5 期。

　　[85] 许传新：《新生代农民工的身份认同及影响因素分析》，《学术探索》2007 年第 3 期。

　　[86] 许多、张小林：《中国组织情境下的组织公民行为》，《心理科学进展》2007 年第 3 期。

　　[87] 闫万军：《健康概念的演变及其社会价值取向》，《学术研究》2006 年第 1 期。

　　[88] 杨晖、江波：《加强西安市农民工社会融合的对策研究》，《西北大学学报（哲学社会科学版）》2009 年第 6 期。

　　[89] 杨菊华：《从隔离、选择融入到融合：流动人口社会融入问题的理论思考》，《人口研究》2009 年第 1 期。

　　[90] 杨菊华：《流动人口在流入地社会融入的指标体系——基于社会融入理论的进一步研究》，《人口与经济》2010 年第 2 期。

　　[91] 杨黎源：《外来人群社会融合与地方政府责任：以宁波为例》，《改革与发展》2008 年第 5 期。

　　[92] 杨昕：《新生代农民工的"半城市化"问题研究》，《当代青年研究》2008 年第 9 期。

　　[93] 杨绪松、靳小怡、肖群鹰、白萌：《农民工社会支持与社会融合的现状及政策研究：以深圳市为例》，《中国软科学》2006 年第 12 期。

　　[94] 易善策：《当前城镇化过程中农民工融入城镇的障碍分析》，《经济

问题探索》2007 年第 2 期。

[95] 殷娟、姚兆余：《新生代农民工身份认同及影响因素分析——基于长沙市农民工的抽样调查》，《湖南农业大学学报（社会科学版）》2009 年第 3 期。

[96] 悦中山、杜海峰、李树茁、费尔德曼：《当代西方社会融合研究的概念、理论及应用》，《公共管理学报》2009 年第 2 期。

[97] 允春喜、陈兴旺：《公共服务均等化：现代政府不可推卸的道德责任》，《东北大学学报（社会科学版）》2010 年第 4 期。

[98] 曾秀芹、车宏生、孙晓敏：《群体组织公民行为研究现状与展望》，《外国经济与管理》2008 年第 2 期。

[99] 张国胜：《农民工市民化的城市融入机制研究》，《江西财经大学学报》2007 年第 2 期。

[100] 张蕾、王桂新：《第二代外来人口教育及社会融合调查研究》，《西北人口》2008 年第 5 期。

[101] 张强：《基本公共服务均等化：制度保障与绩效评价》，《西北师大学报（社会科学版）》2009 年第 2 期。

[102] 张文宏、雷开春：《城市新移民社会认同的结构模型》，《社会学研究》2009 年第 4 期。

[103] 张文宏、雷开春：《城市新移民社会融合的结构、现状与影响因素分析》，《社会学研究》2008 年第 5 期。

[104] 张文镝：《简论印度农村的社会保障制度》，《当代世界与社会主义》2008 年第 6 期。

[105] 赵延东：《社会网络与城乡居民的身心健康》，《社会》2008 年第 5 期。

[106] 中国（海南）改革发展研究院：《民生之路：惠及 13 亿人的基本公共服务》，北京：中国经济出版社 2008 年版。

[107] 周杰：《企业员工组织公正感与组织公民行为的关系》，《心理科学》2009 年第 4 期。

[108] 周莹、周海旺：《新生代农民工融入城市的影响因素分析》，《当代青年研究》2009 年第 5 期。

[109] 周弘：《社会保障制度国际比较》，北京：中国劳动社会保障出版社 2010 年版。

［110］邹农俭：《农民工的城市融入》，《北京工业大学学报（社会科学版）》2008 年第 3 期。

［111］Angell, R. C. . The Social Integration of American Cities of More Than 100000 Populations. American Sociological Review, 12 (3), 1947.

［112］Åslund Olof, Böhlmark Anders, and Skans Oskar Nordström. Age at Migration and Social Integration. IZA Discussion Paper, 42, 2009.

［113］Baron, R. M., and D. A. Kenny. The Moderator-Mediator Variable Distinction in Social Psychological Research: Conceptual, Strategic, and Statistical Considerations. Journal of Personality and Social Psychology, 51, 1986.

［114］Bateman, T. S., and D. W. Organ. Job Satisfaction and the Good Soldier: The Relationship Between Affect and Employee "Citzenship". Academy of Management Journal, 16, 1983.

［115］Beauvais, C., and J. Jenson. Social Cohesion: Updating the State of the Research. http://www. cprn. org/documents/12949_en. pdf, 2008.

［116］Becker, G. S.. Human Capital: A Theoretical and Empirical Analysis, with Special Reference to Education. Chicago: University of Chicago Press, 1975.

［117］Berkman, L. F., and S. Syme. Social Networks, Host Resistance and Mortality: A Nine-year Follow-up of Alameda County residents. American Journal of Epidemiology, 109 (2), 1979.

［118］Berkman, L. F., and L. Breslow. Health and Ways of Living: The Alameda County Study. Oxford University Press, 1983.

［119］Bhugra, D.. Migration and Mental Health. Acta Psychiatrica Scandinavica, 109, 2004.

［120］Bollen, K. A., and R. H. Hoyle. Perceived Cohesion: A Conceptual and Empirical Examination. Social Forces, 69 (2), 1990.

［121］Booth, A., J. N. Edwards, and D. R. Johnson. Social Integration and Divorce. Social Forces, 70 (1), 1991.

［122］Carling, P. J.. Community Integration of People with Psychiatric Disabilities, In J. W. Jacobson, S. N. Burchard, & P. J. Caring (Eds.) Community Living for People with Developmental and Psychiatric Disabilities. Baltimore: John Hopkins University Press, 1992.

［123］Charles, A., O'Reilly F. David Caldwell, and Barnett P. William.

Work Group Demography, Social Integration, and Turnover. Administrative Science Quarterly, 34 (1), 1989.

[124] Cohen, S.. Social Relationships and Health. American Psychologist, 11, 2004.

[125] Constant, A. F., M. Kahanec, and K. F. Zimmermann. Attitudes towards Immigrants, Other Integration Barriers, and Their Veracity, Discussion Paper, No. 3650, 2008.

[126] Cronbach, L. J.. Coefficient Alpha and the Internal Structure of Tests. Psychometrika, 16, 1951.

[127] Dalgard, O. S., and S. B. Thapa. Immigration, Social Integration and Mental Health in Norway, with Focus on Gender Differences. Clinical Practice and Epidemiology in Mental Health, 3, 2007.

[128] Doeringer, P., and M. Piore. Internal Labor Markets and Manpower Analysis. Lexington: Health Lexington books, 1971.

[129] Durkheim, E.. Suicide. London: Routledge, 1951.

[130] Dustmann, C.. Return Migration: The European Experience. Economic Policy, 22, 1996.

[131] Ehrhard, M. G., and S. E. Naumann. Organizational Citizenship Behavior in Workgroups: A Group Norm approach. Journal of Applied Psychology, 89 (6), 2004.

[132] Ehrhart, M. G., and P. D. Bliese, Thomas, J. L.. Unit-level OCB and Unit Effectiveness: Examining the Incremental Effect of Helping Behavior. Human Performance, 19 (2), 2006.

[133] Entzinger, Han and Renske Biezeveld. Benchmarking in Immigrant Integration. Report Written for the European Commission, Contract No. DG JAI – A – 2/2002/006, European Research Centre on Migration and Ethnic Relations (ERCOMER), Erasmus University, Rotterdam, 2003.

[134] Farh, J. L., P. C. Earley, and S. C. Lin. Impetus for Action: A Cultural Analysis of Justice and Organizational Citizenship Behavior in Chinese Society. Administrative Science Quarterly, 42 (3), 1997.

[135] Farh, J. L., C. B. Zhong, and D. W. Organ. Organizational Citizenship Behavior in the People's Republic of China. Organization Science, 15

（2），2004.

［136］Fenella F. , Jaap D. . The Effects of Social and Labor Market Policies of EU-countries on the Socio-Economic Integration of First and Second Generation Immigrants from Different Countries of Origin. European Forum 2006 – 2007, EUI Working Papers, 19, 2007.

［137］Foroughi, E. , R. Misajon, and R. A. Cummins. The Relationships between Migration, Social Support, and Social Integration on Quality of Life. Behaviour Change, 18 （3）, 2001.

［138］Forrester-Jones, R. V. E. , and G. Grant, Social Network, Social Support and Wellbeing, In R. V. E. Forrester-Jones & G. Grant （Eds） Resettlement from Larger Psychiatric Hospital to Small Community Residence. London： Avebury Ashgate Publishing Ltd. , 1997.

［139］Furnham, A. , and S. Bochner. Cultural Shock： Psychological Reactions to Unfamiliar Environments. London： Methuen & Co. Ltd. , 1986.

［140］Picot, G. . Immigrant Economic and Social Outcomes in Canada： Research and Data Development at Statistics Canada. Canada： Analytical Studies Branch Research Paper Series, 12, 2008.

［141］Gordon, M. . Assimilation in American Life： The Role of Race, Religion, and National Origins. New York： Oxford University Press, 1964.

［142］Hinkin, T. K. . A Brief Tutorial on the Development of Measures for use in Survey Questionnaires. Organizational Research Methods, 1, 1998.

［143］House, J. S. , K. R. Landis, and D. Umberson. Social Relationships and Health. Science, 241, 1988.

［144］Hughes, M. , and W. R. Gove. Living Alone, Social Integration, and Mental Health. The American Journal of Sociology, 87 （1）, 1981.

［145］Hurh, W. M. , and K. C. Kim. Adhesive Sociocultural Adaptation of Korean Immigrants in the U. S. ： An Alternative Strategy of Minority Adaptation. International Migration Review, 18, 1984.

［146］Jackson, A. , and G. Fawcett. Social Cohesion in Canada： Possible Indicators Highlights. http： //www. ccsd. ca/pubs/2001/si/sra – 542. Pdf.

［147］Junger-Tas, J. . Ethnic Minorities, Social Integration and Crime. European Journal on Criminal Policy and Research, 9 （1）, 2001.

[148] Kallen, H. M.. Cultural Pluralism and the American Idea. Philadelphia: University of Pennsylvania Press, 1956.

[149] Korhonen, M.. Discovering Keys to the Integration of Immigrants-From Human Capital towards Social Capital. The University of Tampere, 2006.

[150] Koys, D. J.. The Effects of Employee Satisfac-tion, Organizational Citizenship Behavior, and Turnover on Orga-nizational Effectiveness: A Unit-level, Longitudinal Study. Personnel Psychology, 54, 2001.

[151] Kuo, W. H., and Y. M. Tsai. Social Networking, Hardiness and Immigrants Mental Health. Journal of Health and Social Behavior, 27, 1986.

[152] Lee, M. R.. Community Cohesion and Violent Predatory Victimization: A Theoretical Extension and Cross-National Test of Opportunity Theory. Social Forces, 79 (2), 2000.

[153] Mackinnon, D. P., C. M. Lockwood, and J. M. Hoffman. A Comparison of Methods to Test Mediation and Other Intervening Variable Effects. Psychological Methods, 7, 2002.

[154] Massey, D. S. and B. P. Mullan. Residential Segregation and Color Stratification among Hispanics in Philadelphia-Reply. American Journal of Sociology, 91 (2), 1985.

[155] Moen, P., D. Dempster-McClain, and R. M. Williams. Social Integration and Longevity: An Event History Analysis of Women's Roles and Resilience. American Sociological Review, 54 (4), 1989.

[156] Moody, J., and D. R. White. Structural Cohesion and Embeddedness: A Hierarchical Concept of Social Groups. American Sociological Review, 68 (1), 2003.

[157] Mueller, C.. Integrating Turkish Communities: A German Dilemma. Population Research and Policy Review, 25 (5), 2006.

[158] Northam, R. M.. Urban Geography. New York: John Wiley and Sons, Inc., 1975.

[159] Organ, D. W.. Organizational Citizenship Behavior: The Good Soldier Syndrome, Lexington, MA, 1988.

[160] Pinquart, M., and S. Sörensen. Influence of Socioeconomic Status, Social Network, and Competence and Subjective Wellbeing in Later Life: A Meta

Analysis. Psychology and Aging, 5, 2000.

[161] Schultz, T. W.. Reflections on Investment in Man. Journal of Political Economy, 70, 1962.

[162] Scott, R. A.. Deviance, Sanctions, and Social Integration in Small-Scale Societies. Social Forces, 54 (3), 1976.

[163] Seeman, T. E.. Social Ties and Health: The Benefits of Social Integration. Annals of Epidemiology, 6, 1996.

[164] Sjaastad, L. A.. The Costs and Returns of Human Migration. Journal of Political Economy, 70, 1962.

[165] Somech, A., and A. Drach-Zahavy. Exploring Organizational Citizenship Behavior from an Organizational Perspective: The Relationship between Organizational Learning and Organizational Citizenship Behavior. Journal of Occupational and Organizational Psychology, 77 (3), 2004.

[166] Sorensen, T.. Contribution of Local Community Integration and Personal Social Network Support to Mental Health. Norsk Epidemiology, 12 (3), 2002.

[167] Spoonley, P., R. Peace, A. Butcher and D. O'Neill, Social Cohesion: A policy and Indicator Framework for Assessing Immigrant and Host Outcomes. Social Policy Journal of New Zealand, 24, 2005.

[168] Thompson, J.. Organization in Action. New York: McGraw Hill, 1967.

[169] White, D. R., and F. Harary. The Cohesiveness of Blocks in Social Networks: Node Connectivity and Conditional Density. Sociological Methodology, 31, 2001.

[170] Williams, L. J., and S. E. Anderson. Job Satisfaction and Organizational Commitment as Predictors of Organizational Citizenship and In-role Behavior. Journal of Management, 17 (3), 1991.

[171] Wong, F. K. D., and Xuesong He. Dynamics of Social Support: A Longitudinal Qualitative Study on Mainland Chinese Immigrant Women's First Year of Resettlement in Hong Kong. Social Work in Mental Health, 4 (3), 2006.